NYのクリエイティブ地区

ブルックリンへ

安部かすみ

はじめに

Are you originally from New York?（ニューヨーク出身ですか？）
No, I'm not. I'm from Brooklyn!（いいえ、私はブルックリン出身ですよ）

Welcome to Brooklyn!

　これは10年ほど前、ブルックリンに住む友人の祖父母を訪ねた際のメリーおばあちゃんとの会話だ。夫妻は共にイタリア系アメリカ人で生まれも育ちもブルックリン。
「そうか、ここに住む人々にとって、ブルックリンとニューヨークはまったく別なのか～」
　このときはじめて、ブルックリンの人々の強く稀有なアイデンティティを肌で感じた。日常生活でも、デリでご近所さんがブルックリンなまりでおしゃべりしていたり、通りでBrooklynロゴの入ったキャップをかぶった若者が闊歩したりと、さまざまなシーンでここに息づく人々の地元意識や誇りを感じる。
　倉庫を改造したおしゃれなカフェ、広い土地を生かしたバー、こだわりを持ったオーナーが経営する店、壁画をはじめとする街中にあふれるアート…。これらがブルックリンブームを牽引しているが、そのベースにあるのは昔からこの地に住む素朴で心があたたかくブルックリンを愛する人々だ。移民同士が共存するこの街では、多様性を受け入れる懐の深さも残る。また、変わらないものと変わり続けるものがバランスよく融合し、不易流行という言葉がしっくりくる。訪れた際にはぜひ、新しい流行スポットはもちろん、時間が許せば落ち着いたブラウンストーンの街並みを歩いたり、歴史を知るための博物館などにも足を運び、マンハッタンとは違う空気の流れを感じてほしい。
　店の選定では、地元に根づきこの街らしさがあるか？ 一人旅の女性でも入りやすい雰囲気か？ 大切な友人に紹介したいか？ etc…自分に何度も問いかけ、それらをクリアしたスポットに焦点を当てた。
　本書を手に取り、次の休暇はぜひブルックリンへ。この街の人々は「Welcome to Brooklyn!」と迎え入れてくれるに違いない。

Contents

2	はじめに
5	基本情報
8	ブルックリンの歴史
10	ブルックリン全体MAP
11	ブルックリンエリア別MAP

17	トレンドが生まれる注目エリア **Williamsburg**
41	古い石畳の残る倉庫街 **DUMBO**
55	劇的な変貌を遂げつつあるエリア **Greenpoint & Bushwick etc**
79	ビジネス街も近い古くからの下町 **Brooklyn Heights & BoCoCa etc**
97	自然と文化に恵まれた閑静な住宅地 **Park Slope & Prospect Heights & Crown Heights**

119	Brooklyn Culture
120	**Meet the Artisans** Annika Inez／Amber Lasciak／Adam Jackrel ／Kenneth R. Shaw／Ellis Calvin
128	**Market & Food Hall** フリーマーケット、クラフトマーケット、フードマーケット、 ファーマーズマーケット、フードホール
142	**Vintage & Antique** ヴィンテージ・ショップ
148	**Made in Brooklyn** ブルワリー、ワイナリー、 ウイスキー・ウォッカ・ジン蒸溜所、酒蔵

159	Stay in Brooklyn
167	ブルックリン旅のヒント
172	Index
174	おわりに

Column

30	Brooklyn Street Style
47	ロケ地をまわる旅 in BK
54	ブルックリンのIT＆テック事情
69	ブルックリンのアート事情
74	スーパーでおみやげ探し
114	BKでできるアクティビティ
116	地下鉄で行けるビーチ＆遊園地 コニーアイランド
118	BKの都市伝説
140	ブルックリンのグリーン事情
146	罪深い甘さに溺れそうなドーナツ
166	ブルックリンの未来

ブルックリンを語る人々

113	Daniel Stedman
134	Jonathan Butler & Eric Demby
158	大江千里

※本書掲載のデータは2018年2月現在のものです。店舗の移転、閉店、価格改定
などにより実際と異なる場合があります
※「無休」と記載している店舗でも、一部の祝祭日は休業する場合があります
※本書掲載の電話番号は市外局番を含む番号です。なお、アメリカの国番号は「1」です

New York Map

ニューヨーク州にあるニューヨーク市は、マンハッタン、ブルックリン、クイーンズ、ブロンクス、スタテンアイランドの5つの行政区からなる。ブルックリンは5区のなかでもっとも人口が多く、全米でもロサンゼルス市、シカゴ市に次いで3番目の都市。

Basic Info

正式国名	アメリカ合衆国　United States of America
面　積	9,834,185km²（日本の約25倍） ブルックリンは251km²（東京23区は約619km²）
首　都	ワシントンD.C.（Washington D.C.）
人　口	約3億2,712万人（2018年2月） （ブルックリンは約263万人（2017年1月）
政治体制	大統領制、連邦制 （ブルックリンはニューヨーク州議会制とニューヨーク市議会の管轄）
言　語	主として英語
通　貨	USドル（$）　$1＝約110円（2018年2月現在）
時　差	14時間（サマータイム時は13時間） ※日本が正午のときブルックリンは前日の夜10時
人種構成	白人76.9％、ヒスパニック17.8％、黒人13.3％、アジア5.7％ ミックス2.6％、アメリカンインディアン1.3％、ネイティブハワイアン0.2％など （ブルックリンは白人35.8％、黒人34％、ヒスパニック17.5％、アジア10.9％、ミックス1.3％、そのほか0.5％）
宗　教	キリスト教70.6％、カトリック教20.8％、ユダヤ教1.9％、イスラム教0.9％、仏教0.7％、ヒンズー教0.7％など （ニューヨークはキリスト教59％、カトリック教33％、ユダヤ教8％、イスラム教3％、ヒンズー教3％、仏教1％など）

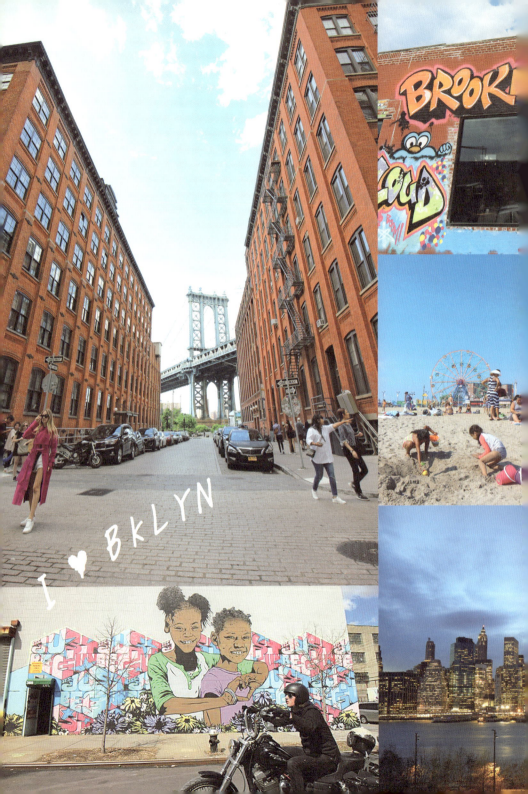

History of Brooklyn
工場地帯から生まれ変わった
クリエイティブシティ

これといった存在感のない工場地帯だったブルックリンは、1970年代以降、
ストリートギャングを意味するCrips（クリップス）から、
「Crooklyn（クルックリン）」と揶揄されていた時代もある。
しかしこの街にあるのは汚名の歴史だけではない。

植民者による近代化

　マンハッタンは1600年代初頭にオランダ人が入植し、ニューアムステルダムと呼ばれていた。彼らはロングアイランドの川岸にある緑豊かな沿岸半島を発見。これがブルックリンの前身、Breuckelen（ブルークレン）のはじまり。川岸に住んでいたネイティブ・アメリカンは植民者との戦いや疫病によって力を落とし、1638年より土地をオランダ西インド会社に売却。以降何十年もかけて、オランダ人（後にイギリス人）に土地を売り渡した。最後の土地が入植者に渡ったのは1684年。ブルックリンの近代化がはじまる。

　1600年代半ば、フェリーボートがマンハッタンから就航したのを引き金に、今日のダンボに村が形成されはじめる。1775年からはじまった独立戦争の混乱期を経て、1800年代になり蒸気船が定期運航し、1834年ブルックリン市が誕生。南北戦争の前年、1860年には全米で3番目に大きな市となる。その後さらにヨーロッパ系移民が増え、ウィリアムズバーグに教会、学校、銀行、住居用タウンハウスが建設されていった。

工業都市へのあゆみ

　フェリーの代わりに橋を建設し工場地帯にする計画が浮上し、今のダンボ周辺は多くの住宅が取り壊された。そしてそこに完成した橋こそが、この街に劇的な変化をもたらすこととなる。まずは1883年にブルックリン・ブリッジ（P.46）が完成し、ケー

ブルカーや後にトロリー（路面電車）が開通すると、人々が流入し益々栄えた。1898年にニューヨーク市に統合され、1903年にウィリアムズバーグ・ブリッジ、1909年にマンハッタン・ブリッジが完成し、都市機能が加速。1910年までに人口は25万人となり、ウィリアムズバーグが市内一活気ある地区になった。

　造船や製造業で街は発展したが、第二次世界大戦後、技術が革新し経済のシフトが進むと、工場や倉庫は閉鎖し空洞化。車の時代が到来しBQE（高速道路）が開通すると、この街の機能は川岸からブルックリンハイツ、ダウンタウンブルックリンなどの内陸へ移行。ネオルネッサンス建築などに影響を受けた瀟洒な4階建て住居ビル（ブラウンストーン）が数多く建設された。

トレンド発信地へ発展

　1970年代のニューヨーク市財政危機を引き金に、ブルックリンでも犯罪が多発。ブッシュウィックやベッドフォード-スタイベサントなどでギャング同士の銃撃戦が日常茶飯事となる暗黒の時代が訪れた。しかし、1990年代末ごろから治安が少しずつ回復し、再び注目されるようになる。そして、マンハッタンの地価の高騰に伴い、アーティストやクリエイターらが、ウィリアムズバーグやダンボに住みはじめるようになった。昔活躍した工場や倉庫跡地が1世紀以上もの時を経てショップ、ホテル、住居用ロフトとしてリノベートされ、トレンドが生まれる新たな人気スポットに生まれ変わっている。

参考文献：Brooklyn Historical Society（P.84）展示資料、およびNeighborhood History Guide by Brooklyn Historical Society

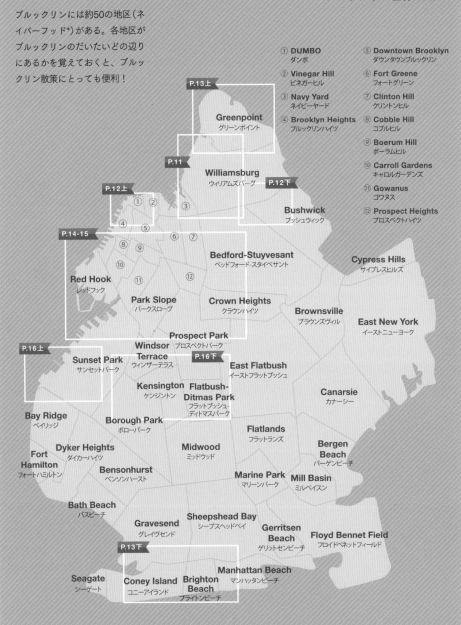

DUMBO MAP

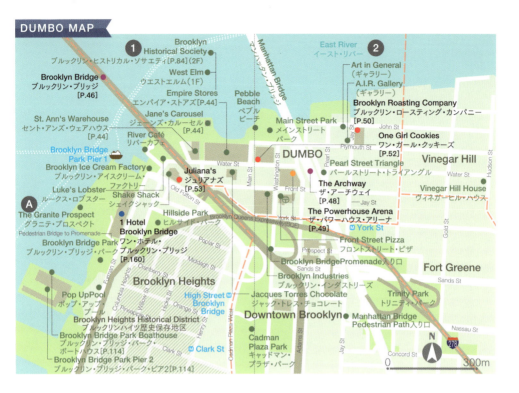

Bushwick MAP

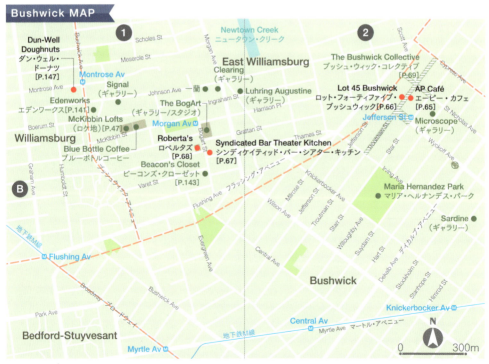

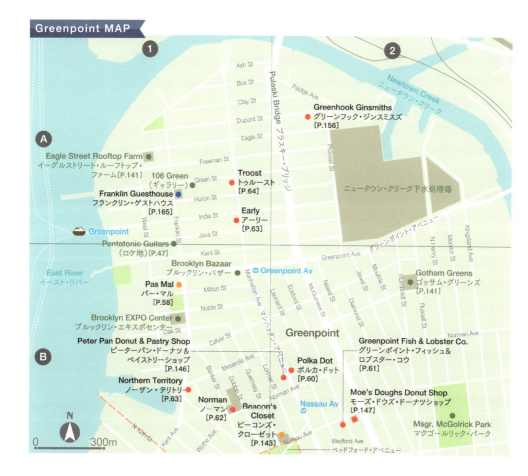
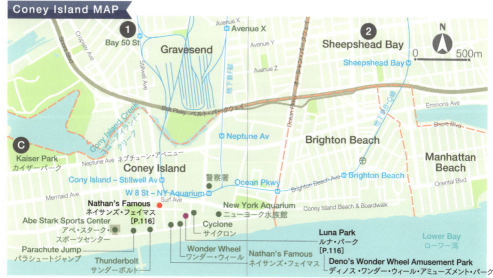

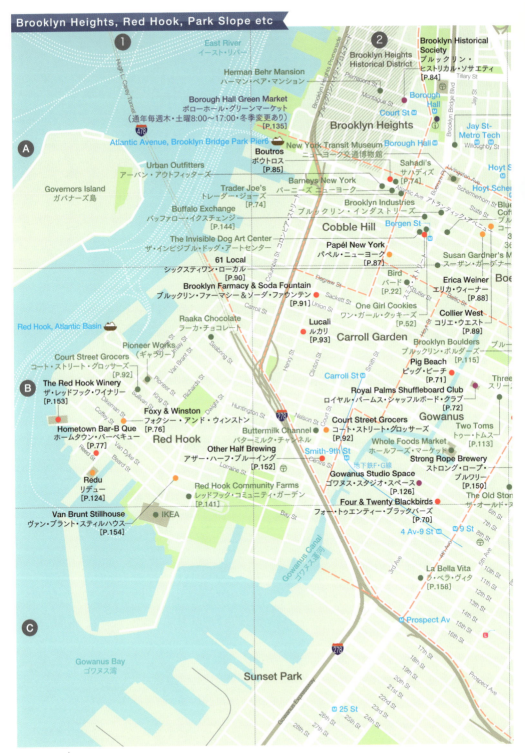

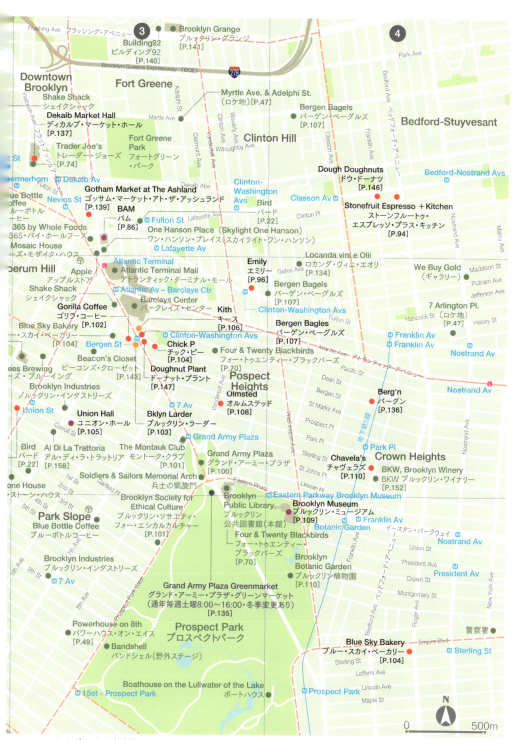

Williamsburg

ウィリアムズバーグ

Brooklyn Neighborhoods

トレンドが生まれる注目エリア
Williamsburg
ウィリアムズバーグ

　新しいムーブメントが起こり続けている、ウィリアムズバーグ。ブルックリンブームはここからはじまったと言っても過言ではない。90年代後半以降ヒップスター（おしゃれ感度の高い、流行を牽引する若者）や現代アートシーンのクリエイターらが流入し、マンハッタンの影に隠れていた土地がトレンド発信地として生まれ変わった。2000年代に入ってその勢いは加速し、大手資本のキラキラした建物と観光客だらけのマンハッタンに愛想を尽かした若者が川を越え、活動拠点の場として住みはじめた。

　街の成長を語る上で欠かせないのがワイス・ホテル（P.162）。1999年のダイナー（Diner）を皮切りに次々と象徴的なレストランをオープンさせたアンドリュー・ターロウがプロデュースした。古い工場をリノベートしてできた、このデザイナーズホテルの開業で、さらにエリアに広がりができたのだ。

　個性的なスポットにおしゃれや流行に敏感な若者が集まり、昼と夜とでさまざまな顔を持つ。ストリートを歩くと新たなインスピレーションが湧きそうだ。一方で、マンハッタンからたった数駅だというのに、空は広く人々の歩調はゆるやか。この街には独特の風情がある。気負いのないリラックスした空気の流れも、間違いなくウィリアムズバーグの魅力の一つだ。

Bedford Ave.で初夏に開催されるノースサイド・ブロックパーティー（ストリートフェア）。

イースト・リバー沿いにある、East River State Park近くの遊歩道。

築120年近くになる工場を改装したワイス・ホテルは、今や街の顔。© Matthew Williams

Williamsburg | 19

ウィリアムズバーグの歩き方
Williamsburg

ブルックリンの「今」が見える地区　MAP[P.11]

　ウィリアムズバーグがブルックリンブームを牽引する地区として生まれ変わったのは1990年代後半あたり。メインストリートのBedford Ave.とN.5~8th St.あたりに個性的な店がオープンし、少しずつ栄えていった。とくにBedford Ave.には、ブルックリン生まれのファッション・ブランドのBrooklyn Industries、自然派スーパーのWhole Foods Market、小さな店が集まったミニモールThe Mini Mall、アクセサリー店のCatbirdなど、大型ブランドから小規模の店まで連なる。

　現在エリアはさらに拡大し、チョコレート店マスト・ブラザーズ(P.27)やレストランEggはN.3rd St.に、ワイス・ホテルはN.11th St.、ラグジュアリーホテルのザ・ウィリアム・ヴェール(P.163)はN.12th St.に。また、映画館のWilliamsburg Cinemasやセレクトショップのバード(P.22)はGrand St.、BBQ店のFette SauはMetropolitan Ave.、ダイナーや1887年創業の老舗ステーキハウスPeter Luger Steak HouseはBroadway沿いにある。これらの通りを歩くと、なんとなく街の雰囲気がわかる。目当てのお店の隣にお宝発見というサプライズも、この地区にはたくさん隠れている。

1 ウィリアムズバーグでは、頻繁に壁画の塗り替え作業に遭遇する。2 地下鉄Bedford Ave.駅を降りるとマンハッタンとは違う空気を感じる。3 今もなお低層住宅がメインの街並み。4 Bedford Ave.にある人気アクセサリーストア、Catbird。5 通りを歩いていると、壁にさまざまなメッセージが書かれてあっておもしろい。6 ウィリアムズバーグのイースト・リバー沿いから眺めたマンハッタンの景色。7 ブロックパーティーでは、さまざまなストリートアートにも触れられる。8 ウィリアムズバーグは、映画撮影にもよく使われる。

Catbird
219 Bedford Ave.
MAP [P.11 / B-1]

Fette Sau
354 Metropolitan Ave.
MAP [P.11 / B-2]

Apple Store
247 Bedford Ave.
MAP [P.11 / B-1]

Blue Bottle Coffee
76 N.47th St.
MAP [P.11 / B-1]

Peter Luger Steak House
178 Broadway
MAP [P.11 / B-1]

The Mini Mall
218 Bedford Ave.
MAP [P.11 / B-1]

Brooklyn Industries
162 Bedford Ave.
MAP [P.11 /A-2、B-1]

Sweet Chick
164 Bedford Ave.
MAP [P.11 / A-2]

Diner
85 Broadway
MAP [P.11 / B-1]

Whole Foods Market
238 Bedford Ave.
MAP [P.11 / B-1]

Williamsburg Cinemas
217 Grand St.
MAP [P.11 / B-1]

ウィリアムズバーグにある最新のトレンドファッションが並ぶ旗艦店。

上／この看板が目印。
下／ベルギーのブランドDries Van Noten、濃紺とオレンジの鮮やかなドレス。

Bird
バード

ファッション　雑貨

「ファッション＝楽しい」を感じる店

　1999年、パークスロープに1号店をオープンして以来、流行にうるさいファッショニスタに愛され続けているセレクトショップ。オーナーは、Barneys New York（バーニーズ ニューヨーク）のアシスタント・バイヤーからファッション業界のキャリアをスタートし、その後Steven Alan（スティーブン アラン）のヘッドバイヤーまでのぼりつめたジェン。レディース、メンズともに、世界中からセレクトした質の高いデザイナーたちによる衣類やファッション小物を取り扱う。

　なかでも今注目を浴びているブランドは、Rachel Comey（レイチェル コーミー）、Ulla Johnson（ウラ ジョンソン）、Acne Studios（アクネ ストゥディオズ）、Dries Van Noten（ドリス ヴァン ノッテン）、Marni（マルニ）。「ファッションとは楽しいものであるべき」がこの店の信条。いつ訪れても常に新しくて楽しいトレンドが待っている。

203 Grand St.（ウィリアムズバーグ店）
☎ (718) 388-1655
www.birdbrooklyn.com
12:00～20:00、土日曜11:00～19:00/ 無休
MAP[P.11 / B-1]

🚇 地下鉄L線Bedford Av駅から徒歩6分
◎パークスロープ店、コブルヒル店、フォートグリーン店もあり

Baggu

バグゥ

バッグ専門店

普段使いやおみやげにも最適なバッグ

　2007年にカリフォルニアで誕生した、ポップでかわいいプリント柄のナイロン製エコバッグや、クリーンでポップなデザインが大人気のバッグ専門店。とくにナイロンバッグは、同店で30種類以上と豊富にそろっており、食料品の買い物やジムの着替え入れなど日常ユースに便利。軽くて丈夫で耐久性が高いのでおみやげに最適だし、旅行中に荷物が増え過ぎたときなどに自分用に買うのもおすすめ。コンパクトに畳めるので、旅行中に荷物が増えてしまったときにも大活躍間違いなし。

　ナイロン素材のほか、革素材やキャンバス素材のハンドバッグ、トートバッグ、バッグパック、トートやショルダーとして2種類の使い道があるダッグバッグ、ポーチ、財布、カード入れなども。デザインが年4回変わるのも楽しみ。アメリカではブルックリン、オークランド、サンフランシスコに店舗あり。2013年には日本にも上陸している。

店内に飾られたカラフルなナイロン製エコバッグ。

大きさの違うドットがかわいい、CANVAS CIRCLE PURSEは5種類。写真はペイントドット柄$45。

荷物の小分けに便利な、3DZip Setの柄は5種類。写真はディスコドット柄$32。

ジム通いに重宝しそうなCANVAS DUFFELは3種類。写真はセーラーストライプ柄$44。

242 Wythe Ave. No. 4
☎ (800) 605-0759
www.baggu.com
11:00～19:00 / 無休
MAP [P.11 / A-1]

🚇 地下鉄L線Bedford Av駅から徒歩8分

Concrete + Water

コンクリート・アンド・ウォーター

ファッション　雑貨

都会と自然が共存する
雰囲気のセレクトショップ

　DJでもあるJDと、アメリカのファッション系の雑誌『Lucky Magazine』のスタイリストだったハンナ夫妻が経営する、ブルックリン発のセレクトショップ。「コンクリート+水」という店名は、都会と自然がバランスよく共存するブルックリンの魅力そのものを表現したものだとか。店内には天窓とバックヤードから明るい光と心地よい風が入り込む。バックヤードを含め241.5㎡という贅沢な広さを誇る空間は開放感にあふれ、買い物が楽しくなる。
　デンマーク発の「Ganni」、LA発の「Lacausa」ニューヨーク発の「Sea New York」など、全米はもとより世界中からセレクトしたハイセンスな洋服やファッション小物がそろう。気候のよい季節は、バックヤードを開放してパーティーなども行っており、おしゃれ好きなブルックリン子の社交の場になっている。

西海岸風のクリーンで開放的なイメージの白壁が特徴の外観。

485 Driggs Ave.
☎(917) 909-1828
www.concreteandwater.com
12:00(土曜11:00)〜20:00、日曜11:00〜19:00/無休
MAP[P.11 / A-2]

🚇 地下鉄L線Bedford Av駅から徒歩3分

1 入り口入ってすぐのスペースにも天窓があり、明るい雰囲気。 2 愛犬ヘンリーもスタッフの一員。 3 ニューヨーク発のWhit(ウィット)のキャミソール($299)。 4 F-Troupe(エフトゥループ)のサンダル($195)やLOQシューズ($325)も。

Williamsburg ｜ 25

平積みの棚を見れば、ニューヨークのアートやクリエイトシーンのトレンドがわかり、いつ来ても発見がある。

Spoonbill & Sugartown, Booksellers
スプーンビル・シュガータウン・ブックセラーズ

 本屋

ライトブルーのひさしが目印。

アート系の書籍が充実した本屋

　センスのよいアート系の本や写真集を探すなら、ここをぜひのぞいてみよう。ウィリアムズバーグの目抜き通り、Bedford Ave.に1999年にオープン以来、地元の人々に親しまれている本屋さん。モントローズ店と合わせてウィリアムズバーグ周辺に2店舗あり、このベッドフォード店では新書と古本合わせて約8,000タイトル(モントローズ店は3,500タイトル)を取り扱っている。映画、音楽、グラフィックデザイン、アート、建築、小説、絵本などとわかりやすく分類されており、選びやすい。

　日本のデザイン本や写真集もあり、昨今ニューヨークでは日本のサブカルチャーも注目されているので、売れ行きもかなりよいとのこと。本棚には村上春樹コーナーも設けられている。週に1〜2度、著者を招いて出版記念イベントやリーディング会を開催しており、イベント目当ての客も多い。

218 Bedford Ave.
(ベッドフォード店)
☎ (718) 387-7322
www.spoonbillbooks.com
10:00〜22:00/無休
MAP[P.11 / C-2]

🚇 地下鉄L線Bedford Av駅から徒歩3分

◎モントローズ店もあり

ウィリアムズバーグ店では、新刊と古本がそれぞれ50%ずつ販売されている。

ポストカードやモレスキンのノートなど、紙もの雑貨も。

パッケージデザインでも迷ってしまいそう。小(28g)$4、中(70g)$8、大(200g)$20。 ©David Post

Mast Brothers
マスト・ブラザーズ

`チョコレート専門店`

ギャラリーのような
チョコレート店

　ブルックリン発のおしゃれでおいしい手づくりチョコレート店は、その名の通りマスト兄弟によって2007年にスタート。ブルックリンのクラフトブームの先駆け的存在で、広くてクリーンで限りなくミニマルなインテリアデザインが特徴。店に一歩入れば、香ばしいカカオの香りいっぱいに包まれる。ポップで洗練されたデザインの包装紙に包まれたチョコレートたちがきれいに陳列され、まるでアートギャラリーのようだ。

　区内のネイビーヤード地区にメインの製造工場を持つが、店内奥にも工場があり、チョコレートの販売スペースから窓越しに見ることができる(ファクトリーツアーあり)。ミルクやダークチョコレート味、めずらしいオリーブオイル、ゴートミルクなど18種類前後がそろっており、スモーク味、スモークメープル味、ライ味、オルチャータ味などはウィリアムズバーグ店限定。

奥がチョコレート工場。試食もでき、おみやげにもおすすめ。

白壁にMASTの文字が目印。

111 N. 3rd St.
☎(718) 388-2644
www.mastbrothers.com
11:00～19:00 ／無休
◎ファクトリーツアー：月～金曜16:00～、土日曜12:00～、15:00～($10、約40分、要予約)
MAP[P.11 / B-1]
🚇 地下鉄L線Bedford Av駅から徒歩6分

Williamsburg | 27

天井も奥行きも広々としたロフトタイプのスペース。

211 N. 11th St.
☎ (646) 397-9463
www.naturalwine.com
13:00～21:00（金土曜12:00～23:00、日曜12:00～21:00）/ 無休
MAP [P11 / A-2]

🚇 地下鉄L線Bedford Av駅から徒歩5分

The Natural Wine Company
ザ・ナチュラル・ワイン・カンパニー

ワイン専門店

人気のCousin Pur Breton、Stavek Oranzak、Strekov Vivrinec各 $32.99。

世界中から集まった自然派ワイン

　ニューヨーク、カリフォルニアなどアメリカはもとより、ヨーロッパ、南米、アフリカなど世界各地からの、オーガニックを中心とする約300種類の自然派ワインがそろっている。実家が酒屋を営むオーナーのサンが自身のワイン店で自然派に着目したのは、「健康によいとされるワインだが、近年流通しているほとんどのものが酸化防止剤として亜硫酸塩などが含まれる。自分の店では、ヴィーガン、バイオダイナミック（ビオワイン）、サステイナブルなど健康や環境に配慮した小規模生産者によって、昔ながらの手法でつくられた無添加や健康系のワインを販売したかった」から。

　硫黄を含まないワイン（No Added Sulfur）、自然酵母で発酵させたワイン（Wild Yeast Fermentation）など、商品説明がワイン生産者のプロフィールとともにつけられている。

（左）ワインレッド色の看板が目印。（上）ゆっくり選べるように、店内にはキッズスペースも。

Kinfolk
キンフォーク

`カフェ` `バー` `ショップ` `イベントスペース`

カフェバー＆ショップ＆イベント

　自転車ブランド「Kinfolk」による店。2008年にニューヨーク、ロサンゼルス、東京の3都市に住む友人同士がスタート。キンフォーク90は倉庫を改築したカフェバー。天井が高く、夏場は入り口のシャッターが全開で開放感がある。左隣はメンズウェアのキンフォーク・ストア。奥がパーティ＆イベントスペースのキンフォーク94。プライベートイベントにも対応している。

90 Wythe Ave.
☎ (347)799-2946
www.kinfolklife.com
MAP [P.11 / A-1]
🚇 地下鉄L線Bedford Av駅から徒歩8分

（上）キンフォーク90。夏場は気持ちよい風が入り込む。（下）らせん階段を上がった2階から見たキンフォーク・ストアの様子。

Amika Style Blow
アミカ・スタイル・ブロウ

`美容室`

シャンプー＆ブロー専用サロン

　洗髪とブローのみに特化したブロー・ドライ・バー。髪型にツイストを加えたいときに利用すれば、プロの手によって手軽に変身ができるとあって人気だ。結婚式やパーティ前のスタイリングはもちろん、朝の通勤前やジムで汗をかいた後、夜遊び前に来る人もいるとか。滞在中にちょっと寄ってトレンドのヘアスタイルにしてもらうのも、旅のよい思い出になること間違いなし！

204 Wythe Ave.
☎ (347) 529-5467
www.amikastyleblow.com
7:00（土曜8:00）〜20:00、
日曜10:00〜18:00 / 無休
MAP [P.11 / A-1]
🚇 地下鉄L線Bedford Av駅から徒歩6分

©Amika Style Blow

ゆるいカーブが女性らしい「Williamsburg」（右）、ボーイッシュでワイルドな「Bushwick」などスタイル名もブルックリンをはじめ、ニューヨークの地名。

スタイリングのみは$35〜、ウォッシュ＆ドライつきは$45〜。

ブルックリン各所でBrooklynitesをキャッチ

マンハッタンとは違う独特の文化の発信地ブルックリン。Brooklynites（ブルックリナイツ）*のファッションも、出没エリアによって微妙に異なる。トレンドの発信地ウィリアムズバーグやブッシュウィックあたりはヒップスター風が多く、石畳のダンボではセンスのよいビジネスパーソンを見かける。また落ち着いた住宅街パークスロープやブルックリンハイツではカジュアルでシンプル派が主流。

どのエリアにも共通しているおしゃれのポイントは、抜群のスタイルやきれいなスキンカラーなどのチャームポイントを自分自身がよくわかっていて、最大限に活かしていること。個性は出しつつ気取りすぎない。キメるときはキメる。TPOに合わせたおしゃれ、それがブルックリンスタイル。

*ブルックリン子の愛着を込めた呼び方。

（凡例）
❶ 名前　❷ 出会ったエリア
❸ 職業　❹ Instagramアカウント

背伸びしないおしゃれがポイント！

❶ ヴィクトリア
❷ Williamsburg
❸ N/A
❹ N/A

食のイベント「Taste Talks」が行われたイーストリバー・ステートパークに家族で遊びに来ていたところをキャッチ。イギリスのブランド、Jojo Maman Bebeのストライプドレスに、サングラスやシューズなどピンクカラーで全体を統一コーディネート。

Brooklyn Street Style

ナイジェリア出身の留学生で、友人に会いに行くところをキャッチ。ブレイド（編み込み）にした長い髪と大きめのイヤリングがぴったりマッチ。またスキンカラーにこれまたパーフェクトフィットした、アフリカン・プリント・デザインと呼ばれるカラフルで個性的なパターンのキュロットスカートは、彼女のお手製！

❶ テニー　❷ Bedford-Stuyvesant　❸ 学生
❹ @niola_onabanjo

❶ ハンナとJD
❷ Williamsburg
❸ セレクトショップ経営
❹ @concreteandwater

ウィリアムズバーグにあるセレクトショップ「Concrete + Water」（P.24）を経営するハンナとJD夫婦。自然を取り入れた心地よい空間の店を経営する二人は、身につけているものもシンプル＆ナチュラルな着こなし。ショートカットも似合っている。

レストランのバイトに行くところをキャッチ。女性らしいセクシーなおしゃれを楽しむこともあるけれど、この日は抜群のスタイルを生かした飾らないアウトフィット。化粧や過剰な飾りをつけなくても魅力的なナチュラルビューティー。

❶ クアデージャ　❷ Park Slope
❸ ファッションモデル　❹ @QuaKardash

金髪にした毛先とイヤリングのゴールド部分がマッチ。

❶ シドラ　❷ Park Slope
❸ 会社経営、インテリアデザイナー、ママ
❹ N/A

ブルックリンのインテリアデザイン会社、Siren Spaces（www.sirenspaces.com）の経営をしながら子育てするママ。子どもの体操教室のお迎え時にキャッチ。スリフトストアで買った白シャツにスタイルの良さを強調するレギンス、トムズのシューズという何気ないおしゃれが上手。

ブレイズ（三つ編み）を片方に寄せて個性的に。

色を多用しているけど、統一感があるのはさすが。

❶ ローラ　❷ Williamsburg
❸ ダンサー　❹ @lauraleepants

仕事に行く途中にキャッチ。ダンサーという仕事柄いろんなファッションに身を包むことが多いけど、この日の通勤スタイルはカジュアル風。抜群のスタイルを生かしたカラフルなレギンスに、フットボールチームのTシャツとキャップ、Gジャンという、ボーイッシュで飾らない雰囲気。

ドレッドにして後ろでまとめた髪型もオシャレ。

❶ イーライ
❷ Bedford-Stuyvesant
❸ ファッションデザイナー
❹ @dantegoetia.nyc

ブルックリン発のクローズライン、Dante Goetia NYC（www.dantegoetia.com）のファウンダー＆デザイナー。写真の上着も自社ブランドで製作したジャケット。身近にあるものをアクセサリーとして使うのが得意で、この日ピアスとしてつけていたのはなんと安全ピン！

白黒のシンプルなカラーなのに地味じゃないのは、バランスよく配置されたタトゥーとゆるいカーリーブロンド効果！？

パーティー向けの個性的なスピリッツ（アルコール類）を創作して提供するGlassrox（www.glassrox.com）のファウンダー、クリエイティブディレクター（P.155のおしゃれなカクテルもジョン作）。自社オリジナルTシャツに細身のジーンズを合わせたシンプルなコーディネート。ニットキャップにタバコを何気なく挟むところも粋。

❶ ジョン
❷ Sunset Park
❸ 会社経営、
　バーテンダー
❹ @glassroxnyc

Devocion

ディヴォシオン

カフェ

新鮮なコロンビア産のコーヒー

　壁には本物の観葉植物が生い茂り、高い天窓からは自然光が射し込む気持ちのいい空間の「Devocion」。店内に焙煎所も構え、2006年のオープン以来、コーヒーにうるさいおしゃれなクリエイターらに高く支持されている。ワークプレイスとして利用している人も多い。
　「コーヒー豆は年間通して採れるコロンビア産100%で、新鮮さが売り」と、コーヒーエデュケーターのアリー。コロンビアにある400ものコーヒー農園と直接取り引きし、豆はすべてアラビカ種。精製後に発送準備が整ったら、なんと約10日後にはここに到着し焙煎される。通常のプロセスでは倉庫での保管期間も含め、農園からカフェに届くまで4〜12か月ほどかかるケースが多いそうだが、この店では到着したばかりのフレッシュなコーヒーが楽しめるのだ。

仕事やおしゃべりなど、皆思い思いに楽しんでいる。

深みとフルーティーな酸味（アシディティ）が絶妙にブレンドした人気のラテ $4.75。

コーヒーエデューケーターのアリー（左）。

69 Grand St.
☎ (718) 285-6180
www.devocion.com
7:00（土日曜8:00）〜19:00/無休
MAP [P.11 / B-1]

🚇 地下鉄L線Bedford Av駅から徒歩10分

◎2018年夏にダウンタウンブルックリン店がオープン予定

（左）グレーの外壁に重厚な木製ドアが目印。（右）入り口入るとすぐの所にある焙煎所。

Williamsburg

（上）店内はいつもコーヒー好きでいっぱい。
（下）同店オリジナルブレンドを使ったCortado（コルタード）$3.50。

Toby's Estate Coffee
トビーズ・エステート・コーヒー

カフェ

125 N. 6th St.
☎(347) 586-0063
www.tobysestate.com
7:00〜19:00/無休
MAP[P.11 / A-1]

🚇地下鉄L線Bedford Av駅から徒歩3分

厳選した高品質の
コーヒーが楽しめる

　オーナーのアンバーとアダムが「高品質のコーヒーはもちろん、コーヒーに関するあらゆる知識と良質なサービスを提供する本格的なカフェをつくろう」という理念のもと、2012年ウィリアムズバーグにオープン。エチオピア、コスタリカ、ブラジルなど主にアフリカと南米のコーヒー農園から仕入れる厳選コーヒー豆を、店内で小ロットで焙煎しブレンド。コーヒーは、生産者、ロースター、バリスタらの愛情が詰まった、煎りたてのリッチな味わいが特徴だ。

　ニューヨーク市内でブルックリン以外に5店舗あり、200か所以上にコーヒーを卸すまでに急成長。そのこだわりは、定期開催しているコーヒークラスで知ることができる。プライベートやグループを対象に、自宅での焙煎法、カッピング、ラテアート、エスプレッソの上級者向けなどのクラスがある。

❶コーヒーに詳しいスタッフがていねいに淹れてくれる。❷焙煎機から香ばしい匂いが漂う。❸夏季限定メニューMint Julep($4.50)。

Williamsburg | 33

店内奥には、南国風の屋外スペースもある。卓球台も！

奥がカフェカウンター、手前はテーブル席になっていて、コーヒーを飲みながら仕事をしている人々も。

剥き出しの天井にアンティーク調のカウチがぴったり。

Freehold
フリーホールド

`カフェ` `レストラン` `バー` `多目的スペース`

会う・働く・遊ぶが モットーの複合店

パテがやわらかくてジューシーなHouse Burger（$15）、Truffle Fries（$2）、コーラ（$2.50）。

　Meet, Work, Play（会う、働く、遊ぶ）がコンセプトのこの店はとにかく広い。ひと言では言い表しにくいが、とても心地の良い、働くためのワークプレイスと交流や遊びのためのソーシャルプレイスが合体したカフェ、レストラン、バー、多目的ホールの集合体といったところ。

　右側はカフェで、ミレニアル世代*がラップトップで仕事をしている姿をよく目にする。左側はまるで客室のないホテルロビーのようなスペースで、奥がバーエリアになっており、コンシェルジュが迎えてくれる。さらにその奥は総面積の半分ほどを占めるのではないかと思うくらいこれまた広いパティオで、卓球台などもある。皆思い思いに飲みながら卓球をしたり、陽射しに当たりながらおしゃべりしたりと、リラックスできるスペース（パティオは冬場ヒーターあり）。$1のオイスター・デーなど、毎日なにかしらのお得イベントがあるのも楽しい。

*1980年代から2000年代初頭に生まれた世代

45 S. 3rd St.
☎(718) 388-7591
www.freeholdbrooklyn.com
カフェ＝7:00〜19:00／無休
バーエリア＝11:00〜24:00（水木曜翌2:00、金土曜翌4:00）／無休
コートヤード（パティオ）＝11:00〜23:00（木金土曜翌1:00）／無休
MAP[P.11 / B-1]
🚇地下鉄L線Bedford Av駅から徒歩13分、J・M・Z線Marcy Av駅から徒歩13分

Bar Velo
バー・ヴェロ

`バー`

テキーラベースのカクテル、The Spicy Lopez は甘すぎずフレッシュな味（$13）。

ノスタルジックな雰囲気のバー

　フランス語で自転車という意味の名前のバーで、外壁に吊るされた自転車が目印。1900年代初頭にタイムスリップしたかのような、ノスタルジックな雰囲気が魅力だ。地元の人々に愛されていた前店「Bar Moto」が、同じオーナー夫妻ジョニーとヴァネッサによって2017年に生まれ変わり、現在はヴィーガン料理とクラフトドリンクが自慢。ドリンク類はビールやオーガニックバイオダイナミックワインなどもそろっている。おすすめは各種創作カクテル。ハーブなどがふんだんに使われ、どれを頼んでも甘さひかえめでフレッシュな味わいだ。

　火曜から土曜日の20:30からは、地元ミュージシャンらによるライブミュージックタイム。すぐ上を走る地下鉄J&Mトレインのガタガタという雑音も、ここでは心地よいBGMとなるから不思議。

1930年代のイタリア製自転車が目印。

394 Broadway
☎ (718) 599-6895
www.barvelobrooklyn.com
17:30（土日曜11:00）～24:00/無休
MAP[P.11 / C-2]
地下鉄J・M・Z線Marcy Av駅から徒歩1分

店内には古いトランペットの飾りやシーリングファンなどがある。「ここは禁酒法時代？南仏バル？」と、古き良き時代にタイムスリップできる。

シェアしていろんな味をトライできる。©Damien Lafargue

The Four Horsemen
ザ・フォー・ホースメン

`ワインバー` `レストラン(ニューアメリカン)`

洗練された小皿料理の店

　ブルックリンの知り合いにこっそり教えてもらって以来、個人的に大ファンになったワインバー・レストラン。料理はニューアメリカンだが、近年徐々に増えているタパス(小皿料理)スタイルで提供されるので、シェア文化の日本人にもなじみが深く、いろんな料理をトライしやすい。ワインはアメリカ産をはじめフランスやスペインなどから自然派を中心にセレクトされている。料理、ドリンクともに何を注文してもハズレがない。こぢんまりとしたお店で、カウンター、テーブルともに居心地がよい。

　LCDサウンドシステムのメンバーでミュージシャンのジェームス・マーフィーが手がけているレストランとのことで、ファンの来客も多い。開店と同時に行けばほぼ予約なしでも入れるが、予約は30日前より受け付けている。土日曜の13:00〜16:00は$28のセットメニューもある。

295 Grand St.
☎ (718) 599-4900
www.fourhorsemenbk.com
17:30(土日曜13:00)〜翌1:00 /無休
MAP[P.11 / B-2]
🚇 地下鉄L線Bedford Av駅から徒歩8分

ガラスに馬に乗った4人の絵が描かれている。©Justin Chung

北欧の建築家による、木の温もりが伝わるインテリアデザイン。
©Ruvan Wijesooriya

フランスの田舎にあるような、リラックスできる雰囲気。

Pates et Traditions
パッツ・イッ・トラディションズ

`レストラン(ガレット)`

　フランス・ニース出身のソハヤが2008年にオープンし、娘とともに切り盛りするガレット(フランスの食事系クレープ)の店。南フランスのこぢんまりした店に来たような、かわいらしい雰囲気だ。Patesとはフランス語でパンやパスタなどをつくる生地という意味。オープン当初から南フランス色を前面に出し、今でもニースの郷土料理Socca(ソッカ＝ヒヨコ豆でつくったクレープのようなもの)や、Pissaladiere(ピサラディエール＝トマトを使っていないピザのようなもの)は人気のメニュー。しかし最近は、パスタ、魚や肉料理、ベジタリアンフードまで、フランス全土の味を提供している。「全種類おすすめ！」というソハヤの自慢作、ガレットは生地からすべて手づくり。サラダつきで$11.5～というお手ごろ価格も人気の秘密。

ベーコン、ポテト、カマンベールチーズ入りのLa Savoyarde ($13)。

壁一面に飾られたフランス関連の小物やポストカード。

明るくて陽気な性格のソハヤが切り盛りしている。

52 Havemeyer St.
☎(718) 302-1878
www.patesettraditions.com
12:00(土日曜11:00)～ 22:30 / 無休
MAP[P.11 / B-2]

地下鉄L線Lorimer St駅、G線Metropolitan Av駅から徒歩5分

Williamsburg | 37

Sunday in Brooklyn
サンデー・イン・ブルックリン

`レストラン(ニューアメリカン)`

毎日が日曜日みたいにリラックス

「日曜日のようなくつろぎを近所の人々に毎日届けたい」という思いを込めて、トッド、アダム、ジャイムの3人の男たちがオープンしたレストラン。手の込んだ絶品料理をほぼ$25以下(写真のステーキ以外)で提供している。ブランチ(9:30〜15:30、土曜は16:00まで)のMalted Pancakes($18)や健康にいいコールドプレスジュース($9)、季節のカクテルはとくに人気。

塩麹風味のFlat Iron Steak($28)。©Evan Sung

テキーラとオレンジベースのOutlook Good($14)。©Evan Sung

348 Wythe Ave.
www.sundayinbrooklyn.com
8:30〜22:00(金土曜23:00)/無休
MAP[P.11 / B-1]
🚇地下鉄L線Bedford Av駅から徒歩12分

昼間は明るいパブ風の雰囲気。©Bess Adler

Cafe Mogador
カフェ・モガドー

`カフェ` `レストラン(中東料理)`

エキゾチックな中東料理が人気

日本に中東料理の店は少ないので、日本からのゲストを連れて行くと必ずよろこばれる店。1983年にオープンし、モロッコやチュニジアなど中東に影響を受けた料理を提供している。創業者のリヴカとその家族による経営で、アットホームな雰囲気。クスクスやファラフェル、ハマスなどベジタリアン・メニューも人気。マンハッタンに本店があり、2店とも365日オープンしている。

ローストトマトの上に乗せられたポーチドエッグ、Halloumi Eggs($11.50)。

ヨーロッパのバル風でカジュアルな雰囲気が心地よい。

133 Wythe Ave.
☎(718) 486-9222
www.cafemogador.com
9:00〜翌0:30(金土曜翌1:30)/無休
MAP[P.11 / A-1]
🚇地下鉄L線Bedford Av駅から徒歩4分

Aska
アスカ

`レストラン(スウェーデン料理)`

グリルドクリーム添え、メイン州産のエビ料理。
©Charlie Bennet

ミシュラン2ツ星
スウェーデン料理店

　近年ニューヨークのモダン・ダイニングシーンでは、モダン・スカンジナビア（北欧）料理がブームだ。そのなかでスウェーデン料理の店「Aska」は、若き奇才のスウェーデン人シェフ、フレドリック・バーセリウスによる店。オープンした2016年以降ずっとミシュランの2ツ星を獲得している。

　ローカルで採れた四季折々の新鮮な素材が使われており、フレドリックのテクニックで生み出された繊細で創作的な料理が自慢。「ダイニングルームメニュー」はコース料理で2時間$185、3時間$265、5～11人の「プライベート・ダイニングルームメニュー」は$295（すべてチップ込み）。

　ウィリアムズバーグ・ブリッジのたもとにある19世紀の工場をリノベートした店内はかなり暗く、いかにも"ブルックリンらしさ"が際立つ。オープンキッチン・スタイルで、10テーブルあるメインダイニングルーム（最大25人まで着席可）と5～11人までのプライベート・ダイニングルーム、ドリンク専門のバーカウンターや地下スペースまでもがある特別空間。夏場はバックヤードも開放される。早めの予約がベター。

（左）エンドウ豆入りオイル漬けカタツムリ料理。ニンニク・マスタード添え。©Charlie Bennet
（右）120日間の長期熟成ビーフ料理。©Charlie Bennet

47 S. 5th St.
☎ (929) 337-6792
www.askanyc.com
ディナー：(予約によって異なる) /日月曜休
バー＆バックヤード：18:00~24:00 /日月曜休
MAP [P.11 / B-1]
地下鉄J・M・Z線Marcy Av駅から徒歩11分

19世紀の倉庫をリノベートしたメインダイニングルーム。バックヤードに面している。©Charlie Bennet

著名ミュージシャンから地元のバンドまでさまざまなアーティストがステージに立つ。©Scott Harris

約2,137㎡の広さを誇る会場にはレストランもある。©Adam Macchia

ボウリング場も含め、午後6時以降は21歳以上のみが利用できる。©Adam Macchia

61 Wythe Ave.
☎(718) 963-3369
www.brooklynbowl.com/brooklyn/
18:00（土日曜11:00）〜深夜 / 無休
MAP [P.11 / A-2]
🚇地下鉄L線Bedford Av駅から徒歩8分

Blue Ribbon Fried Chickenプロデュースのフライドチキン・セット（8個$25〜）。©Adam Macchia

Brooklyn Bowl
ブルックリン・ボウル

`ボウリング場` `ライブステージ` `レストラン` `バー`

元工場跡地のボウリング場

　ボウリング場、ライブステージ、レストラン＆バーが合体した、総合エンターテインメント施設。1881年に建設され、ランドマークとして残されていたかつての製鉄工場「Hecla Iron Works」をリノベートし、2009年オープン。週末の夜ともなると近隣のヒップスターたちで広い館内は埋め尽くされ、長い行列ができるほどだ。

　ライブステージはかつて、カニエ・ウェスト、アッシャー、ジョン・レジェンド、フィル・レッシュらの大物アーティストもステージに立っており、本格的なベニューだ。

　ボウリングスペースにレーンは16あり、食事やアルコールなどを楽しみながらプレイできる。ひとしきり遊んだら、レストランスペースでしっかり食事や休憩を。

DUMBO
ダンボ

Brooklyn Neighborhoods

古い石畳の残る倉庫街
DUMBO
ダンボ

　ダンボ（DUMBO）とは、Down Under the Manhattan Bridge Overpass（マンハッタン・ブリッジの下）の頭文字からとったエリア名。20世紀初頭まで倉庫街として活躍。20世紀末ごろ、マンハッタンから多くのアートギャラリーが移転すると、芸術家やクリエイターらも多く移り住むようになった。ダンボの名づけ親はまさに、1980年代ごろから倉庫跡地に住みはじめたアーティストたちだ。

　イースト・リバー沿いの公園では、ブルックリン・ブリッジ、マンハッタン・ブリッジという印象的な二つの大きな吊り橋とマンハッタンの摩天楼のすばらしい景色を望め、まるで映画のワンシーンを歩いているような気分に浸れるだろう。歴史を感じる倉庫街の名残があり、道路には古い石畳や貨物用トロッコの線路が今でも多く残る。レンガ造りの倉庫やロフトをリノベートしてオープンしたおしゃれなレストランやショップが点在し、古さと新しさが共存する素敵な雰囲気が特徴だ。

　とくに晴れた日の夕暮れどきや夜間は、対岸のマンハッタンの景色や石畳に反射した光が息を呑むほどに美しい。ゆっくりと景色を見ながら、街歩きを楽しんでほしい。

赤いレンガ造りの倉庫街には個性的なショップが続々とオープンしている。

1909年に開通したマンハッタン・ブリッジと、その下にある公園でくつろぐ人々。

船からおろした荷物を倉庫へ運ぶために1959年まで走っていた貨物用トロッコの線路が今も残っている。

DUMBO | 43

ダンボの歩き方
DUMBO

橋のたもとに個性的な店が集まる　MAP[P.12 / A-1・2]

　歴史的にも常にブルックリンの先端を走ってきたダンボ地区。デコボコした石畳や線路上は決して歩きやすいとは言えないが、歩を進めるたびにこの地区の奥深さが感じられる。

　まずは、フェリー乗り場のあるBrooklyn Bridge Park Pier 1やメリーゴーランドのJane's Carouselがあるウォーターフロントを歩こう。大人気のハンバーガー店Shake Shackや、Brooklyn Ice Cream Factoryもこの辺だ。

　2017年にオープンしたEmpire Storesは、19世紀にコーヒーや砂糖、毛皮などの保管用として使われていた古い倉庫をリノベートして生まれ変わったオフィス＆商業施設ビル。1階にハイセンスなインテリア店West Elm、2階にはブルックリン・ヒストリカル・ソサエティ（P.84）の分館がある。屋上スペースからの景色は格別だ。すぐ隣にあるのは、劇場＆パフォーマンス施設のSt. Ann's Warehouse。もともとはArts at St. Ann'sとして1980年にブルックリンハイツにオープンし、スパイス製粉工場倉庫跡地を利用した今の場所に2001年に移転した。

　またWashington St.とFront St.の角で、映画の舞台としてもよく登場するマンハッタン・ブリッジ

[1]メリーゴーランドのJane's Carouselでは、かわいい子どもの笑顔があふれる。[2]2017年にオープンしたEmpire Storesの1階広場。[3]晴れた日はブルックリン・ブリッジとマンハッタンの景色がさらに美しさを増す。[4]石畳やレンガ造りのビルがさらにドラマチックに映る夕暮れどき。[5]Washington St.とFront St.の角。橋の下の向こう側にエンパイアステートビルが見える。[6]West Elmの100店舗目にあたるダンボ店。[7]マンハッタンの夜景を見ながらのロマンチックな食事は、The River Cafeがおすすめ。[8]Empire StoresとSt. Ann's Warehouseの前にある広場。

を背景に記念撮影も忘れずに（Washington St.の坂を上がったところからのアングルもおすすめ！）。一般的にあまり知られていないが、ダンボの東側にあるビネガーヒル地区にも昔ながらの石畳が残り、観光客でごった返すダンボより落ち着いた雰囲気が広がっている。

Jane's Carousel	Brooklyn Bridge Park Pier 1	St. Ann's Warehouse
Old Dock St.		45 Water St.
Empire Stores	Brooklyn Ice Cream Factory	すべてMAP[P.12 / A-1]
53-83 Water St.	1 Water St.	

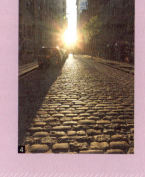

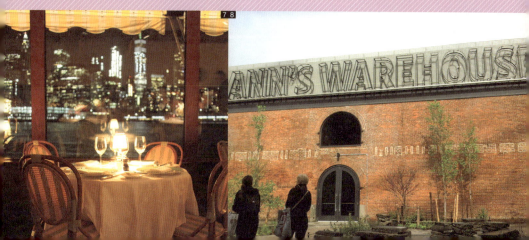

Brooklyn Bridge
ブルックリン・ブリッジ

ブルックリンの象徴の吊り橋

　イースト・リバーにかかるマンハッタンとブルックリンを結ぶ全長約1,825mの橋。鋼鉄のワイヤーを使った世界初の吊り橋で、1883年に開通するとともにブルックリンの近代化に貢献した。

　車道より歩道が上にあり、歩道は木製の部分もあって歩いたり自転車を走らせたりするとミシミシ、ガタゴトと音がする。マンハッタン側から歩いて来る観光客が多いが、ブルックリン側からマンハッタンに向かって歩く方がおすすめ。マンハッタンのダウンタウンの景色をすぐ左側に、ミッドタウンの景色を右側奥に、歩きながら楽しめるからだ。

　なお、歩道の右側は自転車専用、左側は歩行者用（ともに右側通行）。自転車側はすごい勢いで走ってくる自転車もいるので注意して。橋の途中に設置されたスペースで旅の記念ショットをぜひ！

www.nyc.gov/html/dot/html/infrastructure/brooklyn-bridge.shtml

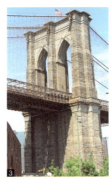

1 通勤する人、観光する人さまざまな人が毎日利用するブルックリン・ブリッジ。©Creative Commons CC0　**2** ウォーターフロントのペブル・ビーチ（Pebble Beach）からは川越しにマンハッタンが望める。**3** 設計は当時の吊り橋工法の第一人者、ドイツ系移民ジョン・ロブリング。橋桁の高さは約84m。

46　DUMBO

Movies
filmed in Brooklyn
ロケ地をまわる旅 in BK

ブルックリンを題材にした映画や、ブルックリンで撮影された映画の数は数え切れないほどある。なかでも話題になったものを新旧7作選んでみた。ロケ地をテーマに散策するのも、とっておきの思い出になりそう。

『Brooklyn』
（2015年／監督：John Crowley）
1951〜52年の設定。アイルランドの田舎町で育ったシアーシャ・ローナン演じるエイリシュが就労ビザを取得し、家族を残しブルックリンに移住。イタリア系の青年トニーと出会う。アイルランドとアメリカという二つの国と二人の男性の間で、心が揺れ動く。
ロケ地 Clinton St.（主人公エイリシュの下宿先）、コニーアイランド（P.116）、ほか

『The Intern』（邦題『マイ・インターン』）
（2015年／監督：Nancy Meyers）
ファッション業界で公私ともに成功を収めたアン・ハサウェイ演じる女性社長のもとに、ある日ロバート・デ・ニーロ演じる70歳のシニア・インターンがやって来る。彼の実直で真面目な行動は、やがて会社を徐々に変えていく。
ロケ地 Toby's Estate Coffee（P.33）、Ludlow Blunt（バーバーショップ）、ほか

『The French Connection』
（1971年／監督：William Friedkin）
ニューヨーク市警察の薬物捜査をする、ジーン・ハックマン演じるドイル刑事。彼が麻薬の売人を逮捕した日に行ったナイトクラブで、不審な若夫婦と出会う。その夫婦はブルックリンでデリを営んでいるが、夫は強盗事件などの捜査対象者だった。
ロケ地 Brooklyn Bridge（P.46）、Gravesend 地区（カーチェイスが5週間にわたり撮影された。地下鉄D線Bay 50th St駅からStillwell Ave.を北上し、86th St.とNew Utrecht Ave.を通り、最後に62nd St.にある地下鉄N線New Utrecht Av駅まで）、ほか

『Song One』（邦題『ブルックリンの恋人たち』）
（2014年／監督：Kate Barker-Froyland）
弟ヘンリーが交通事故に遭い昏睡状態になったことから、ブルックリンの実家に戻ったアン・ハサウェイ演じるフラニー。ヘンリーの憧れのミュージシャン、ジェイムズのライブに行き挨拶を交わしたことがきっかけで、お互いに惹かれ合っていく。
ロケ地 Williamsburg（Berry St. & N. 11th St.の角）、East Williamsburg（255 McKibbin St.の弟ヘンリーのアパート）、Greenpoint（139 Franklin St.のギター店）、ほか

『Once Upon A Time In America』
（1984年／監督：Sergio Leone）
禁酒法時代、ニューヨークのユダヤ系コミュニティで育った二人のユダヤ系ギャング、ロバート・デ・ニーロ演じるヌードルスとジェームズ・ウッズ演じるマックスの生涯を描いた作品。
ロケ地 DUMBO（P.41）、Williamsburg（S. 8h St.）、ほか

『Bakery in Brooklyn』
（2016年／監督：Gustavo Ron）
叔母から1913年創業の老舗ベーカリー「Isabelle's」を引き継いだ姉妹。しかしイメチェンしたいという思いと、伝統を守りたいという双方の思いがぶつかり合い、経営がうまくいかない。地元の人に愛され続けてきたベーカリーをどう守り続けていくのか。
ロケ地 Fort Greene（Myrtle Ave. & Adelphi St.の角）、Williamsburg（Bedford Ave. & N. 7th St.の角）、Brooklyn Farmacy & Soda Fountain（P.91）、ほか

『Crooklyn』
（1994年／監督：Spike Lee）
1970年代のブルックリンに暮らす、アフリカ系アメリカ人5人家族。父親は売れないピアニスト、母親は働きながら子育てをし、イライラしながら忙しい日々を送る。ある夏休み、長女が叔母宅で過ごし騒々しい家族と離れて暮らすが、母親が亡くなってしまう。
ロケ地 Bedford-Stuyvesant（7 Arlington Pl.）、ほか

1 『Brooklyn』でエイリシュが恋人トニーと遊びに行った、コニーアイランド（P.116）。 2 『Bakery in Brooklyn』に登場したブルックリン・ファーマシー＆ソーダ・ファウンテン（P.91）。 3 『マイ・インターン』でシニア・インターンのベンがコーヒーを買ったのは、トビーズ・エステート・コーヒー（P.33）。

650㎡とスペースも広く、天井までの高さは13.7mあり開放感がある。

The Archway
ザ・アーチウェイ

`イベントスペース`

橋の下を利用した
ユニークな会場

　ある日はさまざまな軽食が売られたり、ブースでビールなどが販売されていたり、ポップアップ店がオープンしたり、また別のある日にはヨガクラスやタンゴのパフォーマンスが行われていたり…。ここでは毎回異なる催しや企画に遭遇する。1909年に開通した歴史あるマンハッタン・ブリッジ。この橋の下のスペースと、その横のPearl St.沿いの三角広場を有効活用して、フリーマーケット、フードマーケット、ライブステージ、アート展示など、さまざまなイベントが行われているのだ。テーブルや椅子に加え、無料Wi-Fiも完備。イベントがない日でも、観光中の休憩スポットとして使える。

　またThe Archwayを管理している「BID」のウェブサイト（下記）では、ダンボで行われるイベントを紹介。内容は時期に応じて異なるので情報を出かける前にチェックしてみて。

夏に開催されたスペインのフラメンコ・イベントの様子。

17年間閉鎖され、かつてはニューヨーク市交通局がスクラップメタル保管施設として使っていた。

Manhattan Bridgeの下（Anchorage Pl.とAdams St.の間）
www.dumbo.is/the-archway
www.dumbo.is/live-at-the-archway
◎時間はイベントに応じて異なる
MAP[P.12 / A-2]
🚇地下鉄F線York St駅から徒歩5分

The Powerhouse Arena

ザ・パワーハウス・アリーナ

`本屋`

出版社が運営するアート系本屋

ダンボに来たらこの個性派書店へ。1995年に創業したアート系出版社「PowerHouse Books（パワーハウス・ブックス）」による書店で、アート、写真、デザイン、ニューヨークの歴史系の本が充実している。子ども向けの本も多く、カウチに座って本を読み聞かせしている親子の姿もよく目にする。

この店の特徴は「顧客とのつながり」を大切にしているところ。作家の出版記念イベントを頻繁に開催し、店内奥の階段を上がったところに広がるスペースはイベントなどにも貸し出ししている。ただ本を購入するのみならず、イベント目当ての来客も多い。トートバッグや筆記用具類、カードもあり、おみやげ選びにも便利。すぐ前に立つマンハッタン・ブリッジの高架を走る地下鉄音もこの店の一部になっており、街の喧騒さえも心地よく聞こえるから不思議だ。

◎パークスロープ店もあり（www.powerhouseon8th.com）

店内にある木製の椅子は、以前教会で使われていたものをリユースしている。

トートバッグやブルックリンをモチーフにした雑貨はおみやげにも◎。

28 Adams St.（ダンボ店）
☎ (718) 666-3049
www.powerhousearena.com
11:00～19:00（日曜18:00）／無休
MAP [P.12 / A-2]

🚇 地下鉄F線York St駅から徒歩5分

約6,000～7,000タイトルがそろっている。

Brooklyn Roasting Company

ブルックリン・ロースティング・カンパニー

カフェ

世界46か国の豆のコーヒーを楽しめるカフェ

　本格的なコーヒーとこれぞブルックリンスタイルといったインダストリアルな雰囲気が相まって、クリエイターらに高く支持されているカフェ。「普通の人はコーヒーを飲みながらほかの話をするけど、僕はコーヒーを飲みながらコーヒーの話しかしないんだ」と言うほど、コーヒーを根っから愛する男、マイケルが2010年オープンした。焙煎所と豆のホールセール（卸し）からスタートし、隣の店舗が空いた翌2011年、カフェスペースも拡大した。現在ではこのダンボ本店を含めブルックリン内に8店舗、マンハッタンに1店舗を展開する。

　コクのある味わいは、2017年のアメリカのライフスタイル雑誌『Men's Journal』から「全米にあるローースター・ベスト25」の一つに選ばれた。どんなコーヒー好きを連れて行っても納得してもらえるとあり、私もよく出入りしている。

　世界46か国のコーヒー農園と提携し、マイケル自らが足を運んで厳選した豆を輸入。店から徒歩5分のネイビーヤード地区にある約1,672㎡の広い焙煎工場で絶妙の塩梅でブレンドした豆がカフェに届けられている。店内にも1台の焙煎機が残り、今でも稼働。ちなみにその横にある芸者風の絵は、ヨーロッパのアーティストが残していったものだそう。「季節によってうちでも扱っているGeishaコーヒーとこの芸者の絵は切っても切れない関係なのさ」と、思い入れのある絵らしい。このカフェを訪れる際はそんなエピソードも思い出しながら、焙煎エリアを見学するのも一興。

手前が焙煎所。奥の家具屋が撤退後、カフェスペースをオープンした。

25 Jay St.（ダンボ店）
☎（718）-855-1000
www.brooklynroasting.com
7:00〜19:00 / 無休
MAP[P.12 / A-2]

🚇 地下鉄F線York St駅から徒歩4分

◎ウィリアムズバーグ店、グリーンポイント店ほか、ブルックリン市内に8店舗、マンハッタンに1店舗あり

Cappuccino（$3.75）、ニンジン味のCarrot Donut（$4）。

廃材を利用したインテリアはビジネスパートナーによるプロデュース。

店内奥のロフト2階にあるオフィスで働くマイケル。

「迷ったらまずMocha Java($15)を試してみて」とマイケルからのアドバイス。

カフェに入ってすぐの場所にあるオーダーカウンター。

奥に芸者風の絵が飾られている焙煎所。

DUMBO | 51

白いタイル張りに、古典的な木製のカウンターが特徴的。

One Girl Cookies
ワン・ガール・クッキーズ

カフェ

自宅キッチンから生まれたスイーツ

　友人がインダストリアル風ではなくかわいい雰囲気の店を探しているときに紹介するカフェがここ。白と淡いブルーのカラーに木目調のインテリアが特徴だ。「ワン・ガールとはかつての私のことよ」と言うのは、Barneys New Yorkの元アクセサリー・マネージャーのドーン。彼女がブルックリンの自宅キッチンでクッキーづくりをはじめデリバリーを開始するとまたたく間に地元で人気となり、2005年に第1号店をコブルヒルにオープン。現在はインダストリー・シティ店含め3店舗に拡大。

　手づくりクッキーに加えて、カラフルでアイシング（クリーム状のペースト）がミルククラウンのような形のカップケーキも大好評。アイシングが甘いぶん、スポンジ部分は甘さ控えめ。大人気になった今でも、すべて手づくりにこだわっている。

33 Main St.（ダンボ店）
☎(212) 675-4996
www.onegirlcookies.com
8:00（土日曜9:00）〜19:00 / 無休
MAP [P.12 / A-2]
地下鉄F線York St駅から徒歩7分
◎コブルヒル店、インダストリー・シティ店もあり

Cupcakeは1個$3。チョコレート味とパンプキン味の2種類あり。

クッキーにはサンディーなど女性の名前がつけられている。

ユニークなミルククラウン形のアイシング。

ピザは大人から子どもまで大人気。©Biz Jones for Juliana's®

モッツァレラチーズやイタリアンベーコン入りのPizza Special No. 1 (小$28、大$31)　©Biz Jones for Juliana's®

Juliana's
ジュリアナズ

レストラン(ピザ)

大行列のできる石窯ピザ

　ダンボでランチをしたい友人がいると、連れて行く石窯ピザ店。イタリア系のパッツィとキャロル夫妻が切り盛りする、伝統的なイタリアスタイルとカジュアルなニューヨークスタイルがミックスしたピザが好評。無煙炭という環境にやさしい炭を使用している。好きな食材をトッピングできる4種類の「Classic」と、固定トッピングの5種類「Pizza Specials」がある。一番人気はClassic Margherita。450°Cの高温で焼き上げられ、甘いトマトソースと香ばしいお焦げがおいしい。昼や夜のプライムタイムには行列ができるので、開店時間を狙って行こう。予約不可。

　ちなみに角に別の行列ができている ピザ屋「Crimaldi's」もあるが、ここも、もとはパッツィが創業した (現在経営は別)。ともに人気店だが私が好きなのはジュリアナズの方。

いつもできている行列。行列を避けたければ開店時間を狙って行こう。

19 Old Fulton St.
☎ (718) 596-6700
www.julianaspizza.com
11:30〜15:15、16:00〜22:00 /無休
MAP[P.12 / A-1]
🚇 地下鉄A・C線High St駅から徒歩7分

トマト、モッツァレラチーズ、バジル入りのClassic Margherita (小$19、大$22)
©Biz Jones for Juliana's®

Brooklyn is becoming the next Silicon Valley.

ブルックリンのIT&テック事情

世界中からIT企業が集まり、東のシリコンバレー（＝シリコンアレー）として注目されているニューヨーク。なかでもクリエイティブな土壌を持ち、芸術のみならず新しく画期的なビジネスが誕生しているのはブルックリンだ。
「ブルックリンのスタートアップ企業の特徴は、Etsy（2015年に上場したEコマース）、Kickstarter（クラウドファウンディング）などのように、クリエイターを支える企業が多くあることです」と話すのは、ニューヨークのITやテック事情に詳しい奥西正人さん。「代表的なスタートアップの多くはダンボに集まり、Huge（クリエイティブエージェンシー）がオフィスを構えた1999年あたりがテックシティとしてのはじまりで、Etsyや、ニューヨーク市によるスタートアップのサポート組織、Made in NYのメディアセンターもダンボにあります」

ちなみにダンボとその周辺のネイビーヤード、ダウンタウンブルックリンはブルックリン・テック・トライアングルと呼ばれ、ITやテック企業が多く集まるエリアだ。ほかにもブルックリンには、グリーンポイントにKickstarter、サンセットパークにMaterial World（ファッション）、ウィリアムズバーグにユニコーン企業*のVice（メディア）などがある。

今後さらに注目されそうなエリアとして奥西さんが挙げたのは、オフィスが増えるネイビーヤードやインダストリー・シティ。「とくにネイビーヤード内のコワーキング・スペースNew Labには複数のスタートアップが集まっていて、今後も増え続けると思います。急成長しているWeWorkなども含め共有コワーキングスペースから、新たなスタートアップや起業家が生まれるでしょう」

（上）高層ビルが立ち並ぶダウンタウンブルックリン。（下）元倉庫をリノベートしたオフィスの雰囲気もシリコンバレーとは違うブルックリンらしい。Empire Stores（P.44）にて。

お話を聞いた人：
奥西正人（Masahito Okunishi）
IT関連の企業やスタートアップ企業、起業家などのニューヨーク進出に関するコンサルティング・サービスを提供するRising Startups社代表。日米のITを繋ぐミートアップ「Japan NYC Startups」やITイベント「IF Conference」などを主催している。www.risingstartups.co

*10億ドルの企業価値を持つ非上場の企業のこと。

Greenpoint
& Bushwick etc

グリーンポイント＆ブッシュウィック etc

Brooklyn
Neighborhoods

劇的な変貌を遂げつつあるエリア

Greenpoint Bushwick
Red Hook Gowanus Sunset Park

グリーンポイント / ブッシュウィック

レッドフック / ゴワヌス / サンセットパーク

　長らく人々に忘れ去られていたこれらのエリアが今、変わり続けている。ウィリアムズバーグの賃料が2005年以降さらに高騰すると同時に、多くのアーティストやクリエイターらは自由な創作の場を失ったが、彼らが行き着いた先は、そこからさらに北部や東部、またこれまで誰にも注目されることがなかったウォーターフロント周辺へと、よりディープに広がっていった。

　古くからポーランド系移民の街として栄えてきたグリーンポイント、一時は犯罪の温床だったブッシュウィック、ただの工場や倉庫街だったレッドフック、ゴワヌス、サンセットパークが、近年クリエイティブな人々の流入により生まれ変わっている。

　グリーンポイントは新しくておしゃれな店が次々にオープンし、ブッシュウィックは今でも中南米移民の店が多く残りつつ壁画街のBushwick・Collective<small>ブッシュウィック・コレクティブ</small>が町おこしとして大成功。レッドフックやゴワヌスは広い土地を生かした個性的なスポット

が続々と誕生しており、インダストリアルな気風を受け継いで、小規模で手づくりしているブルワリーやチョコレート工場なども増えてきている。

　第2のダンボと呼び声高いサンセットパークも、インダストリー・シティ（P.78）の誕生で、若きアントレプレナーやクリエイターたちから注目を浴びている。

　グリーンポイントで店めぐりをするならFranklin St.を、リトルポーランドの空気を感じたいならManhattan Ave.を歩こう。ブッシュウィックで壁画を見るなら地下鉄L線のJefferson St.駅で下車し、Troutman St.を起点にScott Ave.やWyckoff Ave.あたり、または地下鉄L線のMorgan Ave.駅で下車し、Bogart St.を中心にまわろう。レッドフックはVan Brunt St.沿いに注目の店や工場が広がっている。時間があれば海沿いにもぜひ。開放的な雰囲気のバーやシーフード店などがあり、遠くに自由の女神を望むことができる。

1ポーランド系移民の多いグリーンポイント。個性的でおしゃれな 店が近年増えている。**2**Morgan Ave.駅近くの壁画ストリート。**3**オープンスペースの期間中は毎回にぎわうゴワヌス・スタジオ・スペース。**4**倉庫街レッドフックには、広い土地を利用したギャラリーや店が続々とオープンしている。

56 | Greenpoint / Bushwick / Red Hook / Gowanus / Sunset Park

Greenpoint / Bushwick / Red Hook / Gowanus / Sunset Park

全面ガラスから自然光が注ぎ込む明るい店内。

Pas Mal
パー・マル

`ファッション`

フランスが香る
セレクトショップ

　フランス語で「悪くない」という意味の「Pas Mal」。2015年にサンがオープンした、かわいらしいフランスの空気がゆるやかに流れているかのようなセレクトショップ。入り口は全面ガラスで明るく、壁と床は白くペイントされている。店内には、「Sessun（セッスン）」などフランスの人気ブランドのみならず、地元ブルックリン発の「Catzorange（キャトランジ）」や「Ilana Kohn（イラナコーン）」、ポートランド発の「Sea+Pattern（シープラスパターン）」、コペンハーゲン発の「Ganni（ガニー）」など、全米はもとより世界中からサンが選び抜いた洋服やファッション小物が並んでいる。全体的にふんわり、ゆとりのあるリラックスしたデザインが多い。

　奥には裏庭もあり、天気の良い日はフラワーアレンジメントなどブルックリン女子が好きそうなイベントも不定期に開催している。

ブルックリン・ブランド「Lauren Manoogian」（$100~600前後）も扱う。

帽子やバッグ、靴のラインナップも充実。

ポートランド・ブランド、「Sea+Pattern」のイヤリングなど。

99 Franklin St.
☎ (917) 909-1514
www.pasmalnyc.com
12:00（土曜11:00）〜20:00、日曜11:00〜19:00/無休
MAP[P.13 / B-1]

地下鉄G線Greenpoint Av駅から徒歩4分

Upstate Stock
アップステート・ストック

`ファッション` `雑貨` `カフェ`

NY生まれのアパレルと
カフェの混合店

1 中央に長いテーブルのある奥行きのある店内。左はオーナーのブラム。2 ブルックリン産のフレグランス「MCMC」。3 Campfire Latte ($4.75)はマストドリンク!

　デザイナーのブラムが切り盛りする、カフェ併設のアパレル店。1946年建設のキルティング倉庫を利用した店内は、手前がカフェスペース、奥が洋服や小物を販売するアパレルコーナーとなっている。

　ブラムは2012年、冬物のキャップや手袋などのニット小物を扱うブランド「Upstate Stock」のホールセールからスタートし、2016年にカフェスペースをつくった。年々希少になりつつあるアメリカのクラフトマンシップにこだわっており、ここで販売されているものはすべてブルックリン産かアップステートニューヨーク(ニューヨーク州北部)産。おみやげにもおすすめ。

　アップステートニューヨーク産のスモーク・メープルシロップ入りの「Campfire Latte」は、トッピングされたスモークシーソルトがアクセント。

2 Berry St.(グリーンポイント店)
www.upstatestock.com
8:00(日曜9:00)~18:00、土曜9:00~19:00/無休
MAP[P.11 / A-2]
🚇地下鉄G線Nassau Av駅から徒歩4分
◎ウィリアムズバーグ店もあり

(左)白壁が特徴の外観。(右)クラフトマンシップにこだわった質のよいプロダクトが並ぶ。

Greenpoint | 59

Polka Dot
ポルカ・ドット

`カフェ` `惣菜屋`

ポーランド系のお惣菜屋さん

　リトルポーランドとも呼ばれるグリーンポイントにある、ポーランド系のカフェ＆惣菜屋さん。店員は、ポーランドなまりのやわらかくて素朴な英語で迎えてくれる。ショーケースにズラリと並ぶ惣菜は、ポークやチキンやカツなどの揚げ物や各種野菜サラダ、煮物など、日本人の口にもよく合う味で、揚げ物にはソースをかけなくても下味がついている。東ヨーロッパ名物のピエロギ（西洋風ギョウザ）も数種類そろっていて、これもマストメニュー。

　惣菜は量り売り。夕方ともなると、できあいのものを購入する主婦や仕事帰りの人などをよく見かける。店内にはテーブルもあり、イートインの場合はプレートにきれいに盛りつけてくれる。女性一人でも入りやすいうえに、リーズナブルなのがうれしい、貴重なお店だ。

726 Manhattan Ave.
☎ (718) 349-2884
www.polkadotGreenpoint.com
7:00（日曜8:00）〜21:00 / 無休
MAP[P.13 / B-2]
🚇 地下鉄G線Nassau Av駅から徒歩2分

（上）女性に大人気なのもうなづける、かわいらしい外観。
（下）ポーランド料理のお惣菜が常時20種類以上並ぶ。

ポークカツ、ポテトチーズのピエロギ、スイートキャベツなど（$8.36）。

クリスピーにグリルされたBaja Fish Tacos（$12）。2個でおなかいっぱいになる。

Greenpoint Fish & Lobster Co.

グリーンポイント・フィッシュ＆ロブスター・コゥ

`レストラン（魚介料理）`

サステイナブルを実践する魚介類の店

　クイーンズの魚介マーケットが経営するシーフード・レストラン。オープンキッチンでは獲れたて新鮮な魚をその場でさばいて調理してくれる。

　季節や漁獲状況によってメニューは日々異なるが、オイスターやハマグリ（Cherrystone）、ロブスター、チャウダーがあれば、必ずオーダーしてほしい。オイスターは日本のものより小ぶりだが、東海岸沖で獲れたものも海の滋味いっぱいで美味。蒸したロブスターは溶かしバターにどっぷりつけて豪快に食べよう。また日本ではハマグリを生で食べる習慣がないが、アメリカで食べる生のハマグリは弾力があって本当においしい。お腹に余裕があれば、Lobster TacosやFish Tacosのオーダーも忘れずに。Fried Pickle（揚げた漬物）なるものもある。「百聞は一味に如かず」なメニューのオンパレード。ぜひ体験してみて！

（上）白タイルの店内は、オープンキッチン・スタイル。
（下）緑の外観が目印。
すべて©Briana Balducci

114 Nassau Ave.
☎ (718) 349-0400
www.Greenpointfish.com
12:00（日曜11:00）〜21:30（金曜22:30）、土曜11:00〜22:30/無休 / 無休
MAP[P.13 / B-2]
🚇 地下鉄G線Nassau Av駅から徒歩2分

Greenpoint | 61

1 全部で140席の広さを誇る、広い店内。2「A/D/O」内のショップでは、デザイン系や写真などの書籍も販売している。3 奥には野外スペースもあり、イベントが開催されることもある。4 料理はどれもシンプルな味つけが特徴。5 店内のベーカリーでつくられた焼きたてのパン。

Norman
ノーマン

`レストラン` `バー` `カフェ` `雑貨`

働くスペースを併設する北欧レストラン

外壁のグラフィティが目立つ建物。約2,137㎡ものスペースは、クリエイティブ＆ワークスペース「A/D/O」で、そのなかに雑貨や本などを販売するショップや、レストラン・バー＆カフェ「Norman」も併設されている。

オープンキッチンで開放的なレストランスペースにはコミューナルテーブルが並び、長いバーカウンターもある。ニューヨークの飲食業界で急先鋒になっている北欧料理が楽しめるとあり、2017年4月のオープンとともに話題をかっさらった。ミシュランの2ツ星を獲得した「アスカ」(P.39)のスウェーデン人シェフと、世界一との呼び声高いデンマークのミシュラン2ツ星の名店「Noma」の創業者、クラウス・マイヤーらによるプロデュースで、リーズナブルな割に味は本格的。地元農家で採れた食材そのものの味を楽しめるシンプルな味つけが特徴だ。

29 Norman Ave.
☎ (347) 966-2092
www.restaurantnorman.com
9:00〜23:00(日月曜21:00) / 無休
MAP[P.13 / B-1]
🚇 地下鉄G線Nassau Av駅から徒歩3分

Early

アーリー

`カフェ` `サンドイッチ`

朝＆昼のポーランド系
サンドイッチ

　小腹が空いたときはここへ。ポーランド系移民街グリーンポイントのなかでも昔からの小商いが集まるManhattan Ave.にある、ポーランド系サンドイッチの店。ローストチキンサンドChichi（$10）やマッシュルームとチーズ入りのZappieがおすすめ。パンはヨーロピアンベーカリーPain d'Avignon、コーヒーはトビーズ（P.33）のもの。

967 Manhattan Ave.
☎ (718) 383-6963
www.earlybk.com
7:00（土日曜8:00）〜16:00 / 無休
MAP［P.13 / A-1］
🚇 地下鉄G線Greenpoint Av駅から徒歩3分

（上）ベジタリアン用のZappie（$8）。チェダー＆フォンティナチーズたっぷり。（下）こぢんまりした店内。テーブルもいくつかあり、奥には屋外スペースもある。

Northern Territory

ノーザン・テリトリー

`バー`

屋上のある
オーストラリアン・バー

　気負いなくカジュアルに飲めて、外の空気を吸いながら景色も楽しみたい気のおけない友人を連れて行く、オーストラリアン・バー。ルーフトップは、夏季の週末などは動けないほどの混みよう（早朝ヨガクラスなども行われている）。ビールの種類も多く、午後4時以降のディナーは、オージービーフのハンバーガーからマッシュルーム・ソバまで多彩。

（上）古きよき時代のコージーな（心地よい）雰囲気のバー。（下）上階にはマンハッタンを臨めるルーフトップもある。すべて©Keith Macdonald

12 Franklin St.
☎ (347) 689-4065
www.northernterritorybk.com
17:00（土日曜11:00）〜不定 / 月火曜休（シーズンによって異なる）
MAP［P.13 / B-1］
🚇 地下鉄G線Nassau Av駅から徒歩7分

Greenpoint | 63

Troost

トゥルースト

バー

タップカクテルやワインを
秘密の裏庭で

　元画家のジョンが2011年にオープンしたバー。「もっと小さい規模の店を探したけど、バックヤードが気に入ってここに決めたんだ」と言う通り、裏庭はシンプルでまるで近所の家にお呼ばれされたような心地よい空間が漂う。ライブやDJイベントが定期開催されている（ニューヨーク出身の人気デュオ「75 Dollar Bill」のホームベース）。スケジュールはウェブサイトで確認できる。

　バーカウンターに並ぶタップ（蛇口）と、気取らない雰囲気がこの店の特徴。私が最初に見つけたときも、店内の様子がよくわからず入り口近くで入ろうかどうしようか迷っていると、入店しようとしていたグループに「タッププロセッコがおすすめ！」とお墨つきをもらって安心して入ることができた。

1011 Manhattan Ave.
☎ (347) 889-6761
www.troostny.com
16:00〜深夜 / 無休
MAP[P.13 / A-1]
地下鉄G線Greenpoint Av駅から徒歩5分

①バーカウンターに並ぶタップ。週替わりの各種ビールもある（主にニューヨーク州産）。②タップから直接注がれる、Prosecco On Tap ($10)。③バーボンベースのクラフトカクテル、Jet Li ($10)。④昼間はバックヤードからバーエリアに光が入って明るい雰囲気。⑤店の奥にあるバックヤード。夏場は外飲みが気持ちいい。

1 シンプルな店内。全面ガラスのため、壁画街もインテリアの一部のよう。**2** オーナーでクリエイターのライアン、ネティック、ヒューゴ。**3** カウンターでは軽食も販売。右奥の鏡の向こうはイベントスペースになっている。**4** Latte ($4)。ドーナツなども販売している。

AP Cafe
エーピー・カフェ

`カフェ`

クリエイターたちがDIYでつくったカフェ

　壁画街のThe Bushwich Collective（ブッシュウィック・コレクティブ）が展開するTroutman St.にあるこの店。白いクリーンな壁と全面窓が明るく清潔な印象で、余計な飾りをいっさい排除した限りなくミニマルなインテリアデザインが心地よい。ラップトップで仕事をしているクリエイターやミュージシャンらをよく見かける。
　「オープン前、この通りは何もなかった」とオーナーの一人、ヒューゴが言うように、ブッシュウィックが新たなアート発信地として注目される前から、次はこのエリアだと注目した4人（デザイナーのヒューゴ、元NFLプレイヤーのライアンと兄のネティック、画家のウェズ）が、仲間の力を借りながらたった6人でDIYで2013年に完成させた。コーヒーの豆は、ブルックリン発のトピーズ（P.33）から仕入れている。店内の大きな鏡の奥は、一見わからないが実は別のスペースが広がっていて、クリエイティブ系のイベントも開催されている。

420 Troutman St.
☎ (347) 404-6147
www.apcafenyc.com
8:00〜18:00、土日曜8:30〜19:00/無休
MAP[P.12 / B-2]

🚇 地下鉄L線Jefferson St駅から徒歩2分

411 Troutman St.
☎ (347) 505-9155
www.lot45bushwick.com
17:00〜翌2:00（金土曜翌4:00、日曜22:00）/月曜休
MAP[P.12 / B-2]
🚇 地下鉄L線Jefferson St駅から徒歩2分

1奥の広いバーエリア。DJや音楽イベント、アート関連やウェディングにも使われる。**2**Blue Point Oyster。好みでミニョネットソースなどをつけて。**3**アメリカのおふくろの味、マカロニ＆チーズのSage Mac & Cheese（$12）。セージが味のポイント。**4**明るいパティオエリア。商業トラックの製造所時代の看板が残っている。**5**コンテナバー＆ミニキッチン。

Lot 45 Bushwick
ロット・フォーティファイブ・ブッシュウィック

レストラン バー

フレンチとインダストリーの融合

　19世紀に商業トラックの製造所として活躍した広い敷地を利用し、奥のスペースは広いバーとステージがあり、手前の天窓から自然光が差し込むパティオ（中庭）エリアはコンテナを改造したバー＆ミニキッチンや卓球台があったりと、何でもありのお店。ラモンが2013年にオープンし、フランス出身のシェフ、サミアも共同オーナーとして参加した。
　食材のすべては主にハドソンバレーなど近郊農家で仕入れ、パンもすべて手づくり。サミアの両親のルーツ、アルジェリアとフランスのフレーバーがミックスした、季節の手料理が自慢。火〜金曜日の夕方5時から8時までのハッピーアワーでは、ドリンクが割引になるだけでなく、サミアが「フランスではスナックよ」という生ガキ（地元ロングアイランド海峡で獲れたブルーポイント・オイスター）も$1で提供している。

Syndicated Bar Theater Kitchen
シンディケイティッド・バー・シアター・キッチン

レストラン　バー　映画館

映画館のあるレストラン・バー

　父親の影響で映画好きになり映画制作会社で働いていたティム。「昔は$10以内で観られていたのに最近は$20近くに値上がり。気軽に映画を観られるようにしたい」と、レストラン・バーと合体させて2016年にオープンした。ダイニングエリアでは、中央にスクエアのバーカウンターを設置。バーエリアも含め全部でテーブル数は110。映画館は通常ポップコーンが定番だが、すべて手づくりの健康的なフードを提供している。

　奥の映画館では、アクション、ラブストーリー、コメディなどバラエティ豊かな映画を上映。旧作は$4〜、最新作は$7〜で観られる。館内では、ナイフやフォーク不要のフィンガーフードやドリンクがオーダーできる。映画は毎日1〜4本を上映。スケジュールはウェブサイトで事前チェックのこと。

40 Bogart St.
☎ (718) 386-3399
www.syndicatedbk.com
17:00〜深夜（木曜翌3:00／金曜翌2:00）、
土曜15:00〜翌2:00、日曜15:00〜深夜／無休
MAP[P.12 / B-1]
🚇 地下鉄L線Morgan Av駅から徒歩2分

1 昼間は自然光が降り注ぐダイニングエリアで映画前に1杯。**2** 奥の映画館でスクリーンは一つ。週末はチケットが売り切れになることもある。**3** 映画の撮影場所を探すロケーションスカウトをしていたこともある、映画好きのオーナー、ティム。**4** ハーブやペペロンチーニ入りのCrispy Calamari ($10)と、Drop Dead Gorgeous ($12)。**5** 元倉庫の約557.4㎡の広い敷地を生かしたお店。

Bushwick | 67

Roberta's
ロベルタズ

レストラン(ピザ)

ヒップスターたちのピザ処

　近辺に住む友人に「いい店がある」と教えてもらった店。落書きだらけの入り口からはまさかここがピザ屋とは想像がつきにくいが、ドアを開けるとそこはいつも満席で活気にあふれ、地元に住む若者に支持されていることがわかる。人気すぎて、マンハッタンにも支店ができたほど。会員制ラジオ局で食の情報を流したり、オーガニック野菜を育てるガーデンの見学ツアーを開催したりと、いつも新しいことにチャレンジしている。

　「ヒップスター・ピザ」というニックネームがついているRoberta's のピザは、石窯で焼き上げられ、カリッ&モチッの両方の食感が楽しめる。ほどよい甘みのあるトマトソースとの相性もバツグン。天気のよい日は、広いバックヤードにあるコミュナルテーブルで食べるとおいしさも格別。キッチンでつくられた焼きたてのパンを買うこともできる。

261 Moore St.
☎ (718) 417-1118
www.robertaspizza.com
11:00(土日曜10:00)～24:00 / 無休
MAP [P.12 / B-1]
🚇 地下鉄L線Morgan Av駅から徒歩2分

❶一番人気のMargherita ($16)。❷店内はいつも満席。❸サラダは$9～（写真はビーツを使ったサラダ）。❹落書きだらけの外観。これぞブッシュウィックを体現した店！

ブルックリンのアート事情

ニューヨークのなかでも、ブルックリンは若手アートの発信地。クリエイティブな土壌で生まれたばかりのアーティストたちが活動する、金の卵のメッカと言える。

美術品約150万点を所蔵するブルックリン・ミュージアム（P.109）は、アメリカをはじめ世界中から集められた一級品のアートを鑑賞できるので、まずは押さえておきたいところ。

そして、インディーズ（独立系）アートに興味があるなら、ギャラリーが点在するダンボ、ブッシュウィック、レッドフック、グリーンポイントなどへ。ダンボは以前マンハッタンから移転してきた若手アーティストたちの聖地だったが、ここ10〜15年ほどの地価の高騰で、多くは2010年ごろを境にブッシュウィックやレッドフックへ移動し、新ギャラリーも次々オープン。「Art Galleries Brooklyn」というワードで検索すると、いろいろなタイプの展示が見つかる。

アーティスト同士がスタジオ（工房）をシェアしながらしのぎを削っているのもブルックリンならでは（P.126参照）。シェアスタジオはゴワヌス、レッドフック、ブッシュウィック、グリーンポイントなどに多い。一般開放し作品を発表するオープンスタジオもあるので、「Open Studios Brooklyn」というワードで検索してみて。

パブリックアートも盛んだ。ダンボのウォーターフロントの公園（Brooklyn Bridge Parkやウィリアムズバーグのン. 5th St. Pier and Parkなど）では、デボラ・カス作OY/YOスカルプチャーなど、有名アーティストの作品が展示されていることも。また、地下鉄L線のJefferson St駅を降りると、壁画街The Bushwick Collective（P.56参照）がある。壁画は3〜6か月ごとに変わるので、何度訪れても飽きない。

美術館やギャラリーに行かずとも、ストリートや壁のグラフィティ（スプレーなどで描かれた落書き）など、そこらじゅうにアートがあふれている。街歩きをしながら、日常に根づくアートに触れてみよう。

ウィリアムズバーグのシェアスタジオ「Bunker Studios」で活動する画家ラインホルト・ポーンシュ。（www.ponesch.com）

ウィリアムズバーグでのインスタレーション（半日このままの状態とか）。

The Bushwick CollectiveがあるTroutman St.あたりには壁画がいっぱい。

The Art Scene in Brooklyn

Four & Twenty Blackbirds

フォー・トゥエンティー・ブラックバーズ

カフェ（パイ）

クセになる手づくりパイの店

　おばあちゃんのパイを食べて育ったメリッサ＆エミリー姉妹が、ブルックリンのアパートのキッチンから2009年にスタートしたパイ専門店。グランド・アーミー・プラザ近くのBrooklyn Public Library（図書館）の本館にもカフェがあるので、私もそこを利用するときは必ず食べるパイ。牛乳やバターたっぷりの濃厚な味で、コーヒーとセットでいただくと心がほっこりする、これぞコンフォートフードの王道。常時6種類前後がそろっているなかで、私のおすすめは甘さと塩気のバランスが絶妙なSalty Honey。ほうじ茶カスタードパイや抹茶カスタードパイなど、日本人になじみのあるフレーバーもあるのはうれしい限り。

　食材はローカル産にこだわり、リンゴなどほとんどのフルーツはアップステート・ニューヨーク（ニューヨーク州の北部）で採れたもの。市内のさまざまなカフェでここのパイが食べられる。

439 3rd Ave.（ゴワヌス店）
☎ (718) 499-2917
www.birdsblack.com
8:00（土曜9:00）〜20:00、日曜10:00〜19:00 /無休
MAP [P.14 / B-2]
🚇 地下鉄F・G・R線 4th Av-9th St駅から徒歩4分
◎プロスペクトハイツ店、ブルックリン図書館本館店もあり

■1 一番人気のSalted Caramel Appleパイ（1カット$5.75、ホール$40）は甘さ控えめ。©Gentl & Hyers ■2 いつも人でいっぱいのゴワヌス店。■3 抹茶パイ（写真）やほうじ茶パイも人気。©Paola+Murray ■4 Solty Honeyパイ（$5.75）。

70 | Gowanus

1 気候のいい季節は、広い屋外スペースも開放されている。2 店名が大きく外壁に書かれてあるので、すぐにわかる。3 ポークリブのBaby Back Ribs（$19）とPig Beach Burger（$8〜）。4 スモークポークやバナナピーマン入りのPig Beach Dogs（$9）。

480 Union St.
www.pigbeachnyc.com
17:00 〜24:00、金曜15:00〜翌1:00、土曜12:00〜翌1:00、日曜12:00〜23:00 / 月火曜休
MAP[P.14 / B-2]

🚇 地下鉄R線Union St駅から徒歩8分、F・G線Carroll St駅から徒歩11分。

Pig Beach
ピッグ・ビーチ

レストラン（バーベキュー）

屋外スペースも広い
開放感あるBBQ

　アメリカ人はBBQ（バーベキュー）が大好き。とくに地元出身のBBQ好きの知り合いからの情報によると、ブルックリンで外してはいけないBBQ店は、レッドフックの「ホームタウン・バーベキュー（P.77）」、ウィリアムズバーグの「フェッテ・ソー」、そしてゴワヌスの「ピッグ・ビーチ」の3店。

　この店は少人数でも入りやすく、野外スペースも含めかなり広くて開放感があるのが特徴（店内スペースも広いので、雨天時も大丈夫）。また10年ぐらいでこの手のオシャレ系BBQ店がニューヨーク市内で増えたが、同店はBBQの本場アメリカ南部の味のみならず、イタリア、フランス、中東、アジア料理に影響を受けたメニューを展開し、ドリンクも地元のビール醸造所や蒸溜所のものをそろえている。ハンバーガーのPig Beach Burger（$8〜）やホットドッグ（$6）もおすすめ。カウンターでオーダーする（BBQ店は基本的にセルフサービス）。

フロリダでは老人のスポーツとして親しまれてきたシャッフルボード。

Royal Palms Shuffleboard Club
ロイヤル・パームズ・シャッフルボード・クラブ

バー エンターテインメント（スポーツ）

500人収容可の
巨大バーでスポーツを

　メタルの加工工場をリノベートし、500人収容可能な広い敷地内（1,579㎡）でシャッフルボードがプレイできる、ブルックリナイツの社交場。シャッフルボードとは、長い棒（キュー）で円盤（ディスク）を突いて点数を書いた枠のなかに入れるゲームのことで、ルールはシンプル。二人以上からプレイでき、もともとはクルーズ客船の甲板で行われていたスポーツ。誰もが気軽にできる手軽さがうけている。
　幼少のころ、祖父母の住むフロリダでシャッフルボードをはじめて知ったオーナーのジョナサンは、「飲みながら楽しめる場所をブルックリンにもつく

72　　Gowanus

りたい」と、2013年にオープン。瞬く間に人気になり、今ではリーグトーナメントも開催されるほどだ。「参加者はチームでユニフォームをそろえたり、結構本格的だよ」とジョナサンは笑う。

　店内は全10レーンに、二つの大きなバーカウンターがあり、週替わりのフードトラックがシャッターが開いたスペースに横づけされるなど、これもまたブルックリンスタイル。はじめてプレイする場合は簡単な無料レッスンを受けられ、飲みながらゲームを見るだけも楽しい。ブルックリンで必ず訪れてほしいカルチャースポットだ。

❶コートのレンタル使用料は1時間$40。人数が多いほどお得。❷メタルの加工工場をリノベートした店内にはハイグレードなバーカウンターも完備。❸DJやアナウンスも自らこなす、オーナーのジョナサン。❹看板のない外観は、一見工場のよう。❺ジン、ココナッツウォーター、ライムジュースが入ったカクテル、Shuffleboard Bob ($11)。

514 Union St.
☎ (347) 223-4410
www.royalpalmsshuffle.com
18:00～24:00（金曜翌2:00）、土曜12:00～翌2:00、日曜12:00～22:00 / 無休
MAP P.14 / B-2

🚇地下鉄R線Union St駅から徒歩5分

Gowanus | 73

アメリカのポップコーンはどれもおいしいけど、なかでも「Cocoa Drizzled Kettle Corn」($1.99) はやみつき度MAX。チョコレートが薄〜くふりかかっていて、塩気と甘みが一緒に楽しめる。量も多いのが◎ @Trader Joe's

サンフランシスコ生まれのスキンケアブランド、EOの携帯用ハンドサニタイザー ($4.99)。フレンチラベンダーのやさしい香りが心地よくて、気軽に除菌できるすぐれもの。このEOブランドは、ボディオイルやバス商品もあり、どれも肌にやさしく、高い満足度を与えてくれる。ちなみに私はボディオイルのリピーター。@Whole Foods Market

スーパーでおみやげ探し

アメリカのスーパーは、もらってうれしいリーズナブルなグッズの宝庫。ここでは私が一時帰国のときによく買う、おすすめの品々をご紹介！

ここ数年アメリカで話題のケールチップス、Brads ($4.99)。ベイクもフライもされていないエアードライ製法で「栄養素が壊されていないスナック」。ナッツ不使用のヴィーガンチーズを使用。レギュラー味、ナチョス味、サンフラワー味など。@Whole Foods Market

日本でも数年前から話題の、不純物を含まずヘルシーなバターと呼ばれる万能オイル、ギー (Ghee)。Clarified butter (ghee) ($3.99) は日本では考えられない驚きの安さ。リッチでクリーンなフレーバーなので、バターやオイルの代わりとして料理に使えるのがgood! @Trader Joe's

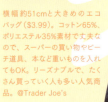

横幅約51cmと大きめのエコバッグ ($3.99)。コットン65%、ポリエステル35%素材で丈夫なので、スーパーの買い物やビーチ道具、本など重いものを入れてもOK。リーズナブルで、たくさん買っていく人も多い人気商品。@Trader Joe's

スーパーでも買えるブルックリン・メイドのRaakaチョコレート ($6.99〜)。ドミニカ共和国産やボリビア産のカカオ豆を一度もローストせずに使い、一つひとつていねいにハンドクラフトした商品。ひと口含むと濃厚なカカオの香りに包まれる。私が好きなのはシーソルト味。ラッピングペーパーもかわいい。@Whole Foods Market

Justin'sのナッツバター（アーモンドバター、ピーナツバター、ヘーゼルナッツバターもある）。パンやクラッカーにつけたり、セロリや人参をディップしたり、気軽に補給できるエネルギー源。メープル味、ハニー味、バニラ味、チョコレート味とバリエーション豊か。通常サイズ（$14.99）のほか、1回分の使い切りサイズ（$1.69）も。@Whole Foods Market

Sahadi'sではブレク（トルコのパイ）など未だに$1以下のフードをはじめ、クスクス（454g/$2.25）、レンズ豆（454g/$1.95）、キヌア（340g/$3.75）など、中東系の食材を中心に、世界中の食品がそろう。@Sahadi's

Shop List

Trader Joe's（トレーダージョーズ）
サプライヤー（供給元）から大量に直接仕入れることでコストを限りなくカットし、低価格のオリジナル商品を提供。コブルヒル店、ダウンタウンブルックリン店あり。
www.traderjoes.com

Whole Foods Market（ホールフーズマーケット）
健康的で質の高い商品を提供。オリジナル商品も多く、GMOなし、地元産、新商品などのタグつき（一部）で陳列がわかりやすい。ゴワヌス店、ウィリアムズバーグ店、アッシュランド店などあり。
www.wholefoodsmarket.com

Sahadi's（サハディズ）
中東系の老舗グロッサリー＆惣菜屋。中東系の食品を中心に世界各国の食品を扱い、オリジナル商品も、オリーブやスイーツなどが昔懐かしい入れ物に入れられて量り売りされている。ブルックリンハイツ店のみ。
www.sahadis.com

ニューヨークでは昔から街角プレッツェルが定番スナック。このトレジョ（Trader Joe's）ブランドの「Yogurt Pretzels」（$3.49）はひと口プレッツェルがバニラフレーバーのヨーグルトでコーティングされていて、ほどよい塩気がある。カリッとした歯ごたえで昇天するほどのおいしさ。@Trader Joe's

風邪の引きはじめや日焼けした後によくお世話になるビタミンC粉末、Emergen-C（$9.99）。「風邪引いたかな？」と思ったときに水に溶かして2杯ほど飲むと、引きはじめの風邪を撃退できるので、ここ数年風邪知らず。オレンジ味、アサイベリー味、ココナッツ・パイナップル味、レモン・ライム味、イチゴ・キウイ味などがそろう。1回分のパッケージが30回分入っている。@Whole Foods Market

ブルックリン・メイドのグラノーラ専門店 グラノーラ・ラボ（Granola Lab）のグラノーラや、マンハッタンで人気のディランズ・キャンディー・バー（Dylan's Candy Bar）のお菓子もスーパーで入手できる。

Supermarket Souvenirs | 75

Foxy & Winston
フォクシー・アンド・ウィンストン
`雑貨店`

近所の人が集う
こぢんまりした雑貨店

　アットホームなあたたかさにあふれる2009年オープンの小さな雑貨店。オーナーのジェーンの人柄に惹かれて、近所の顔なじみが気軽に「ハ〜イ」と立ち寄り、彼女と何げない世間話がはじまる、そんな下町っぽい雰囲気がこの店の魅力だ。

　販売されているものは、ブルックリンのみならず全米、世界中から厳選したもの。オーガニックコットン製の動物や自然がモチーフのシルクスクリーンプリント商品は、毒性のないインクを使用したものだとか。ブルックリンのアーティストによる手づくりジュエリー、他州産のソープ、肌にやさしいスキンケア商品、機能的でデザインもかわいいキッチン用品、ベビーグッズなどがこぢんまりした店内に所せましと並ぶ。自分へのご褒美に、おみやげに、どれにするか迷ってしまいそう。

1 ハチミツやマグカップ、キッチン用品などがそろう。**2** マーメイドの人形（右）は$19、男の子の人形（左）は$17。**3** コロラド州産のソープ、Formulary55（$5〜）など。**4** オーナーのジェーン。彼女の愛犬ともども、地元の人々に愛されている。

392 Van Brunt St.
☎ (718) 928-4855
www.foxyandwinston.com
12:00 〜18:00 / 月火曜休
MAP [P.14 / B-1]

🚌 バスB61線Van Brunt St/Coffey St乗り場から徒歩1分
⛴ フェリーRed Hook, Atlantic Basin乗り場から徒歩10分

Hometown Bar-B Que
ホームタウン・バーベキュー

`レストラン(バーベキュー)`

❶ BBQの本場テキサスとブルックリンをあわせた雰囲気。天窓があり昼間は明るい。❷ Brisket Sandwich ($12)と、ディル入りマッシュポテト ($4〜)。❸ 店名が大きく書かれた外壁が、いかにもブルックリンっぽい。

工場跡地にある広いBBQ店

　ニューヨーク州北部に住む友人も週末に車でわざわざ食べに来るぐらいアメリカ人が大好きなBBQの店。やわらかくてジューシーでフレーバー豊かなBBQ、たとえばブリスケット(牛の胸部もしくは肩の下の方の肉)をひと口食べれば、それも納得の絶品の味。レッドフックの工場跡地を利用した気取らない雰囲気でリラックスできる。肉に独特の風味づけをするためにスモーク(燻製)するが、その調理グリルに使うのは燻製用の木片のみという南部の伝統的な手法でつくられる。アメリカ人のおふくろの味マック&チーズやポテトサラダをサイドにオーダーするのもおすすめ。通常外側が焦げた状態で出てくる。お焦げの香ばしさも、おいしさの一部だ。

　注文はカウンターで。予約を受け付けないので、並びたくなければ夕食どき(19:00前後)を外して行ってみて。

454 Van Brunt St.
☎ (347) 294-4644
www.hometownbarbque.com
12:00〜22:00(夏季23:00)、金土曜12:00〜23:00(夏季は深夜まで)、日曜12:00〜23:00/ 月曜休(バーは深夜までオープン)
MAP [P.14 / B-1]
🚌 バスB61線Beard St/Van Brunt St乗り場から徒歩1分
⛴ フェリーRed Hook, Atlantic Basin乗り場から徒歩14分

Red Hook | 77

Industry City

インダストリー・シティ

複合ビル

274 36th St.
☎ (718) 965-6840
www.industrycity.com
◎営業時間は店によって異なるが、夜間や週末は多くの店が休業
MAP [P.16 / A-2]
地下鉄D・N・R線36 St駅から徒歩4分

ウォーターフロントの一大複合ビル群

　32nd〜39th St. までのインダストリアル・ビル群一帯は近年、再開発で生まれ変わった。飲食店、小売業、オフィス、工房、食品製造工場、スポーツクラブ、郵便局、ランドリー、セルフストレージ（倉庫）などが入居しており、このなかですべて事足りてしまう一大タウンとして、企業や小売業にもっとも注目を浴びている。若手の起業家やアーティスト、クリエイターらにとくに支持されており、近い将来のダンボとの呼び声が高い。本書で紹介しているブルックリン・クラ（P.157）やインダストリー・シティ・ディスティラリー（P.155）、バイ・ボー（P.122）などもここが拠点だ。

　ビルとビルの間の屋外スペースを使って、ダンス、ライブ、ヨガなど各種イベントも開催し、市民の憩いの場にもなっている。フードホール（P.138）も充実している。

2 約450社が入居、6,500人が働くインダストリー・シティは、サンセットパークのウォーターフロントにある。2 1923年創業チョコレート店「Li-Lac」の工場もここに。窓から製造工程が見られる。3 イベントなどに使われる屋外スペース。天気のよい日はここでランチをしても気持ちいい。4 36th St.にあるBLDG2。レストランの奥がイベントスペースになっている。

78　Sunset Park

Brooklyn Heights & BoCoCa etc
ブルックリンハイツ＆ボコカ etc

ビジネス街も近い古くからの下町

Brooklyn Heights
BoCoCa　Downtown Brooklyn etc.

ブルックリンハイツ
ボコカ / ダウンタウンブルックリン

※Atlantic Ave.より北部エリアのベッドフォーフォード-スタイベサント（Bedford-Stuyvesant）や
クリントンヒル（Clinton Hill）も本書では便宜的に、この章に含んでいる

「ブルックリンの下町」と呼ぶにふさわしい、ブルックリンハイツ、ボコカ、ダウンタウンブルックリンの界隈は、景色がきれいな川沿いの遊歩道、ハイセンスな店が並ぶ目抜き通り、高層ビルがあるビジネス街、そして古くからの住宅街と、それぞれ違った顔を持つエリアが隣接する。

ニューヨーク市は歴史的建造物を保存するため、ブルックリンの33か所を歴史保存地区として指定している（※）が、その第1号として1965年に認定されたのが、Brooklyn Heights Historic District（MAP［P.12 / A-1 、P.14 / A-2 ］）だ。ブルックリン・ヒストリカル・ソサエティ（P.84）に代表され

るように、19世紀末〜20世紀初頭に建てられた建物が多く残り、今でも人々に大切に使われている。

ボコカは、ボーラムヒル（Boerum Hill）、コブルヒル（Cobble Hill）、キャロルガーデンズ（Carroll Gardens）という3エリアの頭文字から取った呼び名。地元の人々に昔から愛されている小商いや近年オープンしたおしゃれな店が多い。

ブルックリンに高層ビルというのはピンと来ないかもしれないが、ニューヨーク市内で3番目に大きなビジネス街がダウンタウンブルックリン。役所や裁判所などの行政機関、大企業、大型ホテルが密集している。

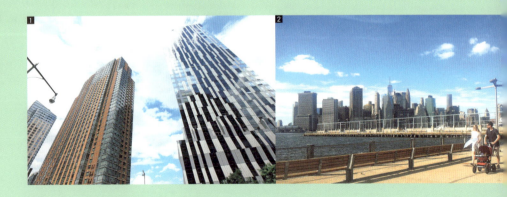

80　｜　Brooklyn Heights / BoCoCa / Downtown Brooklyn etc.

※33か所の歴史保存地区は以下ウェブサイトで確認できる
www.nyc.gov/html/lpc/html/manuals/maps_bklyn.shtml

❶近代的な高層ビルが立ち並ぶダウンタウンブルックリン。❷マンハッタンを望むブルックリンハイツ・プロムナードは全長500mほどの遊歩道。❸古い建物が多く残る、落ち着いた雰囲気のブルックリンハイツ。❹ブルックリン・ヒストリカル・ソサエティはクイーン・アン様式の歴史ある建造物。❺時計台ビルは以前は銀行、現在はイベントスペース&アパートビルのOne Hanson Place。

Brooklyn Heights / BoCoCa / Downtown Brooklyn etc. | 81

ブルックリンハイツ&ボコカ周辺の歩き方
Brooklyn Heights
BoCoCa　Downtown Brooklyn etc.

昼は街歩き&夜は絶景が魅力の界隈 MAP [P.12 / A-1、P.14 / A-2]

ショップめぐりならボーラムヒル&コブルヒルへ。キュートで個性的な店が連なるCourt St.とSmith St.を散策しよう。南下していくと、グルメエリアとして定評のあるキャロルガーデンズにたどり着く。ボコカを歩くと、ストローラーを押す女性や学校帰りの子どもなど、地元の人々の普段どおりの生活を身近に感じることができるだろう。
Court St.やSmith St.を北上すれば、目抜き通りのAtlantic Ave.に出る。高級デパートBarneys New Yorkやセレクトショップ Urban Outfittersなど大型ファッション店から、ヴィンテージ家具やジュエリーなど、センスのよい店がたくさん連なる。そこからさらに、One Hanson Place (通称：Skylight One Hanson)方面に歩を進めていくと、右手に突然中東のカジュアルなデリや雑貨店が集まるミニ商店街が出現する。そういうところはなんと

1 ブルックリンハイツにあるMontague St.はレストランやカフェの連なる繁華街。2 ブルックリンハイツ・プロムナードにはBBQスポットも。3 ニューヨーク市の歴史的建造物の一つHerman Behr Mansionは建築家フランク・フリーマンの設計。4 ダウンタウンブルックリンには区庁舎（Brooklyn Borough Hall）など行政機関のビルが集まる。5 所々にベンチがあるので、歩き疲れたら休憩を。6 この界隈では、子連れのファミリーの姿をよく見かける。7 茜色に染まるマンハッタンのダウンタウンを望む。8 ブルックリン・ブリッジの向こうにマンハッタン・ブリッジが見える歩道橋より。

もニューヨークっぽい。ここでは質のよいボディオイルなどが安価で手に入る。
　イースト・リバー沿いの遊歩道、Brooklyn Heights Promenadeは必ず訪れてほしい。昼はジョギングや読書、夜はデートなど人々が思い思いに過ごしている。太陽がダウンタウン・マンハッタンのビル群に沈む時間帯から夜景にかけて、記念写真のベストタイムとなる。

Barneys New York
194 Atlantic Ave.
MAP[P.14 / A-2]

One Hanson Place
1 Hanson Pl.
MAP[P.15 / A-3]

Urban Outfitters
166 Atlantic Ave.
MAP[P.14 / A-2]

Brooklyn Heights Promenade
MAP[P.12 / A-1]
　　　[P.14 / A-2]

Brooklyn Historical Society
ブルックリン・ヒストリカル・ソサエティ

博物館

ブルックリンの歴史がわかる博物館

1 1階の展示スペース。2017年に開催された、奴隷解放への軌跡に関する展示。**2** ブルックリンらしいモチーフの大き目のグラス。右の給水塔柄は$7.95、左の壁画風は$9.95。**3** オリジナルトートバッグ($27.95)。**4** 木造で重厚なインテリアが特徴の2階の図書館。開館は13:00～。

128 Pierrepont St.(ブルックリンハイツ本館)
☎ (718) 222-4111
www.brooklynhistory.org
12:00～17:00 /月火曜休(ギフトショップは無休)
入館料：来場者が決める提案価格。目安は一般(13歳以上)$10、シニア(62歳以上)と教師$6、子どもと学生は無料
MAP[P.14 / A-2]
🚇 地下鉄R線Court St駅から徒歩2分、2・3・4・5線Borough Hall駅から徒歩3分

　ブルックリンの歴史に少しでも興味があるならここへ。南北戦争さなかの1863年に創立、建物が完成した1881年以来、ずっとブルックリンハイツ歴史保存地区のこの場所にあり、当時のままに残る建物やインテリアそのものから歴史が感じられる。
　ブルックリンの近代化の発展について「1800年代初頭にフルトンフェリーがマンハッタンから就航してからよ」と説明するのは、同館バイスプレジデントのマーシャ。ここに来ればブルックリンに関する歴史は何でも学ぶことができる。企画展では「プロスペクトパーク展」や、ブルックリン・ドジャースに所属していた黒人初のメジャーリーガー「ジャッキー・ロビンソン展」など、切り口もユニーク。
　1階にはギフトショップ、2階には図書館も完備。2017年、主にウォーターフロントの歴史を紹介する分館がダンボにオープンした。

バイスプレジデントのマーシャ。

1

Boutros
ボウトロス

レストラン［ニューアメリカン］

中東＆フランスの
エキゾチックな味

　レバノンとシリアにルーツを持つブルックリン出身のシェフ、アレンが切り盛りするレストラン。食ジャンルはニューアメリカンだが、アレンのルーツである中東にアジアとフランス風をミックスしてアレンジした、ニューヨークでもユニークな味が楽しめる。なかでも、中東やヨーロッパの穀物ブルグルや中東の卵料理シャクシュカなどから、おなじみ日本の七味唐辛子が使われた料理まで、ブランチやメイン料理はエキゾチックでユニーク。中東の味になじめない場合は、キッチンで焼きあがったばかりのタルトやマフィン、トマトやモッツァレラチーズのピザなど普通のメニューもあるので心配無用。

　ドリンクは世界各国のスピリッツやビールがそろう。ハウスメイドのジンジャーミント・レモネードやイチゴ・バジル・ソーダなどめずらしいものもあるのでお試しあれ。

185 Atlantic Ave.
☎ (718) 403-0055
www.boutrosbk.com
バー＝17:30～23:30（金土曜翌1:00）/無休
キッチン＝17:30～22:30（金土曜23:30、日曜22:00）/無休
◎土日曜のみブランチあり（11:00～15:30）
MAP[P.14 / A-2]
🚇 地下鉄F・G線Bergen St駅から徒歩7分、2・3・4・5線Borough Hall駅から徒歩8分

1 ブルグル（クスクスに似た全粒粉の食材）やケールを使ったブランチメニュー（$23）。**2** ウッディーなインテリアとサブウェイタイルが素敵な店内。**3** オープンキッチンで、満席時になると店内の活気は一層高まる。**4** 七味とブラウンソースがかかった、メインのビーフ料理（$31）。

2　3

4

BAM
バム

劇場

前衛芸術なら
この文化発信地へ

30 Lafayette Ave.（メイン会場のPeter Jay Sharp ビル）
☎ (718) 636-4100
www.bam.org
◎上演時間と会場は公演により異なる
◎近辺にBAM Harvey劇場と、BAM Fisherもある
MAP[P.15 / A-3]
🚇 地下鉄2・3・4・5・B・D・N・Q・R線Atlantic Av-Barclays Ctr駅から徒歩3分

　BAMとはBrooklyn Academy of Musicの頭文字。大人から子どもを対象に、音楽や映画、芝居、ダンス、オペラなど、主にアヴァンギャルドなアートやカルチャーを発信する劇場だ。英語の聞きとりに自信がない場合は音楽やダンスがおすすめ。質の高い世界中のさまざまなジャンルのものに触れることができる。また、2017年11〜12月に開催された「ネクスト・ウェーブ・フェスティバル」では、ブルックリンに拠点を置く劇団Ripe Time（ライプ・タイム）が、ニューヨークのプレミアとして村上春樹の作品『ねじまき鳥クロニクル』（1994年）をベースにした『Haruki Murakami's Sleep』を上演するなど、日本関連の作品も紹介している。

　Peter Jay Sharpビル、Harvey 劇場、Fisherと、全部で三つのロケーションがある。ウェブサイトでイベントを選ぶ際、場所や上演時間の確認を。

1 Peter Jay Sharp ビルの重厚な外観。©BAM 2 ブルックリンでも人気の鼓童もここで上演した。©Rebecca Smeyne 3 「Dance Africa 2017」公演の様子。©Julieta Cervantes 4 メイン会場にある2,104人収容可能なHoward Gilman Opera House。©Elliot Kaufman

1 ポーチやぬいぐるみ、クッションなど、ギフトによさそうな雑貨もそろう。2 ペーパー類は$4〜6前後。3 ピンバッジは$12前後のものがそろう。4 ショーウィンドウを見るだけでもプレゼント選びの参考になりそう。

Papél New York
パペル・ニューヨーク
カード＆雑貨店

かわいいカードと雑貨の店

　洋服屋や雑貨店、地元の人が普段使いするデリなどが並ぶCourt St.。その一角にあるカード販売を中心にした雑貨店で、元会社員のレーガンが2009年にオープンした。メールやSNSが台頭しようと未だにクラシカルなカードのやりとりが主流のアメリカでは、誕生日、結婚式、出産、クリスマスなどのイベント時には、カードを送り合う習慣が根づいている。そのなかで、地元の人に長く支持されているのがこのお店。結婚式の招待状を手づくりしたいというリクエストも多く、奥のスペースで製作可能。相談すればスタッフがていねいに応じてくれる。

　再生紙を利用したエコフレンドリーなお祝いカードや招待状用カードなど種類が豊富で、カードのほかにもセンスのいいペーパー類やポストカード、雑貨、リボン、トートバッグなどもそろう。かわいいおみやげがきっと見つかる。

225 Court St.
☎ (718) 422-0255
www.papelnewyork.com
月金土曜11:00〜19:00、火水木曜12:00〜20:00、日曜12:00〜18:00／無休
MAP [P.14 / A-2]
🚇 地下鉄F・G線Bergen St駅から徒歩3分

Cobble Hill | 87

1 木製ショーケースに並べられたアンティークジュエリー。**2** ゴールドフィルド（金張り）のネックレスやキーホルダーなど$100以内のものも。**3** アンティークのダイアモンドと組み合わせた独創的なデザイン。**4** デザイナーでオーナーのエリカ。店の奥にある自身のスタジオにて。

Erica Weiner

エリカ・ウィーナー

`ジュエリー店`

360 Atlantic Ave.（ボーラムヒル店）
☎ (718) 855-2555
www.ericaweiner.com
12:00 〜19:00（土曜18:00）/ 無休
MAP [P.14 / A-2]
🚇 地下鉄 A・C・G線 Hoyt-Schermerhorn駅から徒歩4分
◎マンハッタンにノリータ店もあり

手づくり&アンティークの
ジュエリー店

　ショーウィンドウに飾られたヴィンテージ風の、小ぶりで繊細なデザインのジュエリーに惹かれて入ったのがこの店との出合い。「クラシカルなものが好き」と言うエリカが、ていねいに1点ずつ手づくりしたファインジュエリーが並ぶ。自身のブライダルライン「1909コレクション」なども取り扱っている。14金を使ったリングやネックレスなどは$100〜とお手ごろ価格。$100以内の商品もある。

　以前、服飾業界で働いていたエリカは独学でジュエリーづくりを学び、2009年にこの店をオープンした。店内にある上品な木製ショーケースに並べられたアンティークジュエリーは、まるで美術館に陳列された芸術品のよう。これらは主に19世紀ごろ、ヨーロッパから移住してきた上流階級層がアメリカに持ってきたものだとか。エリカ自身がイギリスで買いつけてきた商品もある。

Collier West
コリエ・ウエスト

雑貨店(ヴィンテージ含む)

世界中の個性的な雑貨と絵画が集まる

　軒先に置かれた「Brooklyn」の電飾メタル看板が印象的なお店。これはテキサスの職人による作品だという。アンソニーが2005年、ビジネスパートナーと共にオハイオ州のコロンバスでオープンし、今の場所に移転したのは2011年のこと。「めずらしい1点ものが好き」という彼のお眼鏡にかなったグッズたちは、地元をはじめ、全米や世界中から買いつけたセンスの良い新品雑貨やヴィンテージ商品など。「ここに置いてあるものは全部売り物」と言い、陳列棚＝100年以上前のアンティークダンス（$2,000～）も販売。全米各地のアーティストによる手づくりのジュエリーもかわいい。

　2軒左隣の姉妹店「Collier West Annex（アネックス店）」では、地元アーティストによるアート作品や中東産のじゅうたんなどを取り扱っている。

377A Atlantic Ave.
☎ (718) 254-9378
www.collierwest.com
11:00～19:00（日曜18:00）/ 無休
MAP[P.14 / A-2]
🚇 地下鉄A・C・G線Hoyt-Schermerhorn駅から徒歩4分

■1 ブルックリンのアーティスト、Selah Vieのジュエリーは$50～80とお手ごろ。■2 ちょっとした部屋のアクセントになりそうなレター（文字）看板（$25）。■3 ピアスなどを置いておくときに重宝しそうな、ハートの小皿（$10）。■4 テキサスでつくられている、Booklynの電飾メタル看板（大$350）。■5 長細い店内に所狭しと雑貨やアクセサリーが置かれている。

Boerum Hill

61 Local

シックスティワン・ローカル

カフェ バー

地元産にこだわる
フード＆ドリンク

61 Bergen St.
☎ (718) 875-1150
www.61local.com
7:00 ～24:00（金曜 翌1:00）、土曜9:00 ～翌1:00、
日曜9:00 ～24:00 / 無休
MAP [P.14 / A-2]

地下鉄F・G線Bergen St駅から徒歩1分

　目抜き通りSmith St.から入った、感度の高い店が軒を並べるBergen St.の一角。天気の良い日はドアが開放され、外からでもにぎわうなかの様子がうかがえる。馬車の倉庫をリノベートしてつくられた店内は天井が高く、長細くて相席用のコミューナルテーブルには地元の人々が集う。

　コンセプトはローカル産で、食材からパン、ドリンクなどは地元で採れたものやつくられたもの。番地からとった店名にもこの地区への愛着や地元を助け合うというこだわりが込められている。アメリカ人のコンフォートフード（おふくろの味）であるグリルドチーズ（$11）はめずらしいトリュフ入り。チーズ・グリッツ、チーズプレート（$19）など、チーズ好きにはたまらないセレクションも魅力。ストロング・ロープ・ブルワリー（P.150）やInteroboro（インターボロ）など地ビールも楽しめる。

❶ハリッサディップソースつきの、ドイツスタイル・ソルティッド・プリッツェル（$9）は最強のおつまみ！ ❷週末は昼から飲んでいる人もちらほら。❸アボカドやフェタチーズ、茹で卵がのったAvocado Toast（$12）。❹夜は近所の人々が集まり、さらに活気づく。

時代がタイムスリップしたかのような、懐かしい雰囲気の店内。

Brooklyn Farmacy & Soda Fountain

ブルックリン・ファーマシー & ソーダ・ファウンテン

カフェ

ノスタルジックな コンフォートフード

　19世紀後半から20世紀後半ごろ、ファストフード店の前身的な存在として、アメリカでよく目にしたソーダ・ファウンテン（薬屋や日用雑貨店の奥に設けられたランチカウンター）。この店はそのソーダ・ファウンテンが現代に蘇ったかのような、レトロな雰囲気の店。もともと薬局として使われていた店舗をリノベートして2010年にオープン。以来、その噂を聞きつけた観光客も多く訪れるが、メインはあくまでも近所の常連客。行きたいときにふらっと気軽に立ち寄って、子どものころにおばあちゃんと食べたような懐かしいスイーツを楽しめる、心地のよい空間だ。

　サンデー（日本のパフェに似たもの）や、コンフォートフード系のランチやブランチなどを提供。もともとはニューヨーク生まれのドリンクで他店ではほとんど見なくなったEgg Creamsも、この店では健在だ。

（右）アイスクリームフロートPink Poodle ($8)。（左）ミルクと炭酸水とチョコレートシロップがミックスしたEgg Creams ($3〜)。

ボリューム大のBandana Split ($15)。二人で食べるとちょうどいい。

513 Henry St.
☎ (718) 522-6260
www.brooklynfarmacyandsodafountain.com
9:00（日曜10:00）〜22:00（金曜23:00）、土曜10:00〜23:00/無休
MAP [P.14 / B-2]
🚇 地下鉄F・G線Carroll St駅から徒歩11分

ターコイズブルーの壁とピンクのチェアのかわいい外観。

Carroll Gardens

1 手前がロースト・スイートポテトを大胆に挟んだThe Yam & Cheese（$10.79）、奥はBreakfast Sandwich（$6.20）。**2** オーナー二人が開発したセロリソーダなど、オリジナルのソーダ（$2.50）も販売。**3** 人気ベーカリーから仕入れたバゲット、菓子パン、ケーキ＆クッキーなども。**4** ブロンクスやクイーンズ産のホットソース（$9.45）なども取り扱う。

485 Court St.（コートストリート店）
☎ (718) 722-7209
www.courtstreetgrocers.com
8:00〜19:00（土曜18:00）、日曜9:00〜18:00 / 無休
MAP [P.14 / B-2]
🚇 地下鉄F・G線Smith-9th St駅から徒歩4分

Court Street Grocers
コート・ストリート・グロッサーズ

グロッサリー

地元で愛されている
サンドイッチ

　アメリカ東海岸ロードアイランド州の美術大学で彫刻を専攻していたエリックが学友のマットと卒業後の2010年、ともに創業したグロッサリー（食品や雑貨を扱う店）。オープン当初は右側だけの狭いスペースで、世界中から集めた食料雑貨と店内のキッチンでつくった軽食をこぢんまりと販売しはじめたが、「サンドイッチがブルックリンで一番おいしい」と地元で話題になり、のちに隣の店舗をイートイン・スペースとして拡大。3年後にはレッドフック店、5年後にはマンハッタンのグリニッチビレッジにも出店した。

　新鮮な素材の味を生かした一番人気のThe Yam & Cheeseなどはあくまでもシンプルで薄口で食べやすい。そして何よりもパンがおいしい。市内やニュージャージー州など5社の人気ベーカリーと契約して仕入れている焼きたてのパンを使ったサンドイッチ。ぜひ試してほしい。

1 夕食どきのゴールデンタイム（19時前後）は待つことが多いが、待つ価値はある。2 グルメ好きがうなるピザ。タマネギとニンニクをトッピングしたPie with Onion, Garlic（$27）。3 メニューは黒板に書かれている。キャッシュオンリーの店。4 オープンキッチンなので、その場で調理している様子がうかがえる。

Lucali
ルカリ

レストラン（ピザ）

NYベストピザ級のおいしさ

「これぞ、ニューヨークのベストピザ」と、食べ歩きをしている地元の友人から連れて来てもらって私も大ファンになった店。メニューは黒板に書かれているのみ。大きく分けて2種類で、マルゲリータピザのPie（パイ、$24）か、折りたたまれたイタリアンペーストリーのCalzone（カルツォーネ、$12〜）。パイを選んだら、トッピング（サラミのペパローニ、タマネギ、シャロット*、マッシュルームなど各$3、ニンニクは無料）を選ぶ。ピザは超薄いパリパリ生地にほのかに甘くてコクのあるトマトソース、ぼってりと束で惜しみなくトッピングされたフサフサのバジルが特徴！ 直径約45cmほどの大サイズしかないので、食べきれない場合は遠慮せず持ち帰ろう（P.169参照）。

酒類はなくBYOBスタイル（各自持ち込める）で、常連客はボトルワインなどを持参している。ゴールデンタイムは列ができるので、開店直後の時間を狙って行こう。

*タマネギの一種で、味がよりマイルド

575 Henry St.
☎ (718) 858-4086
www.lucali.com
18:00〜22:00 / 火曜休
MAP [P.14 / B-2]

🚇 地下鉄F・G線Carroll St駅から徒歩8分

Stonefruit Espresso +Kitchen

ストーンフルートゥ・エスプレッソ・プラス・キッチン

`カフェ` `花屋`

ファーム・トゥ・テーブルの
カフェ＆花屋

　コンド（住居用ビル）やショップの建設があちこちで進むベッド-スタイ・エリア。おしゃれドーナツ「ドウ・ドーナツ」（P.146）もすぐそばのこのエリアにローラが注目したのは今よりもっと時代を先ゆく2015年。「クリエイターが移り住んでいるここは、次のウィリアムズバーグだ」とピンと来て、貯金だけで一人ではじめた。最初は3人体制だったがまたたく間に人気になり、今では20人で店をまわす規模に急成長。

　人気の秘密は、季節の野菜を使った新鮮で健康を気づかったフード。食材は地元農家から仕入れている。一番人気はアボカドのオープンサンド。自家製グルテンフリーのパンに換えることもできる。コーヒー豆はカウンターカルチャー社のもの。「日々の生活の一部として、もっと自然や季節の移り変わりを届けたい」と、ハイセンスなフラワーショップが店奥にあるのも素敵。

❶サワードゥ（天然酵母パン）のトーストにアボカドと半熟茹で卵がのったAvocado Smash（$8.5）。❷自然とモダンがミックスする店づくりが大成功した、オーナーのローラ。❸併設の花屋「Stonefruit Botanical」では、仕事をするクリエイターや勉強をする学生の姿も。❹建築家の彼に手伝ってもらって完成した、木の温もりが伝わるインテリア。❺コロラド州発DRAM Apothecaryの手づくりシロップも販売。❻ブルックリン発の自然派スキンケア商品Palermo Bodyなどもそろえている。

Bedford - Stuyvesant

7 新鮮でカラフルな花がセンスよくならぶ。
8 Clifton Pl.沿いには、花屋専用の入り口もある。

1058 Bedford Ave.
☎ (718) 230-4147
www.stonefruitespresso.com
7:30(土日曜8:30)〜18:00 / 無休
MAP[P.15 / A-4]
🚇 地下鉄G線Bedford-Nostrand Avs駅から徒歩4分

Emily
エミリー

レストラン(ピザ)

ナポリスタイルのアメリカンピザ

　ニューヨークでは街角のストリートピザが安くて名物だが、それより1ランク上のEmilyピザもお試しを。ナポリスタイルにルーツを持つニューヘブンスタイルやニューヨークスタイルなど各種ピザが人気。薪を燃料にした専用釜で焼かれた、パリパリした薄い生地が特徴。スライスを手に取ると、同店手づくりモッツァレラチーズが糸を引き、食欲を刺激する。ピザを何よりも愛するエミリー＆マット夫婦が2014年にオープンして以来、すぐに人気となりマンハッタンやウィリアムズバーグ（Emily Squared）にも支店をオープンしている。

　Emmy Burger（$27）も食べごたえがあっておすすめ。老舗のステーキ店、Peter Luger（ピータールーガー）と同じ業者から仕入れた熟成肉がプリッツェル・バンに挟まれ、肉汁が滴り、市内NO.1のバーガーとの呼び声が高い。

919 Fulton St.（フルトン・ストリート店）
☎ (347) 844-9588
www.pizzalovesemily.com
17:30～22:30（金曜23:30）、土日曜12:00～15:00、17:00～23:30（日曜22:30） / 無休

MAP [P.15 / B-3]

🚇 地下鉄G線Clinton-Washington Avs駅から徒歩1分
◎ウィリアムズバーグに姉妹店「Emily Squared」あり

1 ペペロニやモッツァレラチーズをトッピングしたColony（$21）。2 ニンニクやハーブをふんだんに使ったRed Planet（$12）。3 Emmy Burger（$27）は売り切れることもあるので早目に注文しよう。4 オーナーのエミリーとマット夫妻。

すべて©Pizza Loves Emily

Clinton Hill

Park Slope
& Prospect Heights
& Crown Heights

パークスロープ＆プロスペクトハイツ
＆クラウンハイツ

Brooklyn Neighborhoods

自然と文化に恵まれた閑静な住宅地

Park Slope
Prospect Heights　Crown Heights

パークスロープ / プロスペクトハイツ / クラウンハイツ

　プロスペクトパークという広大な市民公園をはじめ、動物園、植物園、図書館、美術館と、自然に加え文化的にも恵まれた地区、パークスロープとその周辺エリア。ここはとくに環境が良いため、子育て中のファミリー層が好んで住み、ストローラー（ベビーカー）を押したり、小学校の送り迎えをするママの姿をよく見かける。

　レストランやショップは、あえてトレンドを追わずとも地元の人々に長く愛され続けている小商いが多い。大通りから一歩なかに入れば、並木道にニューヨーカーの住まいの憧れ＝ブラウンストーンという、19～20世紀初頭に建てられたお屋敷が並ぶ。もともとは茶色の砂岩を建材とし、不動産価値が非常に高く、マンハッタンならアッパーウェストサイド、ブルックリンならパークスロープと言われるくらい、貴重な建物が今でも数多く残る高級住宅地だ。

　そんな歴史的なエリアもここ数年、近代化の波が押し寄せている。2012年、住宅街のプロスペクトハイツにアリーナのBarclays Center*（バークレイズ センター）がオープンし、興行日は人々が遠方から大挙して押し寄せる。周辺に新たな店が次々とオープンし、高層ビルの開発も進められている。今後さらに変化を遂げそうだ。

*NBA（プロのバスケットボール・リーグ）Brooklyn Nets、NHL（プロのアイスホッケー・リーグ）New York Islandersの 本拠地で、著名ミュージシャンのライブ会場にもなっている。

たまに見かけるクラシカルな車は、この界隈の雰囲気にぴったり合う。

98　|　Park Slope / Prospect Heights / Crown Heights

パークスロープのBergen St.はカラフルな外観の店が集まっている。

プロスペクトハイツに残るブラウンストーン。玄関までの階段ストゥープも特徴の一つ。

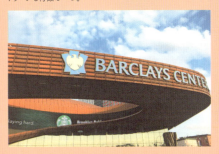

（上）スポーツや音楽好きが集まる、Barclays Centerはプロスペクトハイツのシンボル。（下）クラウンハイツにあるブルックリン美術館はニューヨークでメトロポリタン美術館に次ぐ広さを誇る。© Brittney Najar

Park Slope / Prospect Heights / Crown Heights | 99

プロスペクトパーク周辺の歩き方
Park Slope
Prospect Heights   Crown Heights

人々の落ち着いた暮らしが垣間見える　MAP[P.15]

　美しい建築物が残るパークスロープは散策におすすめ。起点となるのは、213haの広大な敷地のプロスペクトパーク。マンハッタンにあるセントラルパークを設計したフレドリック・ロー・オルムステッドとカルヴァート・ヴォークスによるデザインで、ボートハウスや動物園などもある市民の憩いの場所だ。春から夏にかけて、芝生で花見やピクニック、バーベキューをしている人をよく見かける。
　公園のメイン入り口の向かい、噴水広場のGrand(グランド)

　Army Plaza(アーミー プラザ)は、ちょっとした休憩スポット。19世紀に建てられた兵士の凱旋門（アーチ）は、ランドマークの一つだ。そこからEastern Pkwy.沿いを東方面に歩けば、右手に桜や紅葉の名所ボタニックガーデン（植物園）と、荘厳な建築物ブルックリン・ミュージアム（P.109）が見えてくる。植物園の入園料は一般$15だが、12〜2月の平日は無料になる。
　ショップ散策なら、バークレイズ・センター近くのFlatbush Ave.や、5th Ave.、7th Ave.沿いにハ

[1]広大な自然に恵まれた市民の憩いの公園、プロスペクトパーク。[2]グランド・アーミー・プラザ前。人々が各々に楽しんでいる。[3]植物園内の日本庭園は人気スポット。[4]プロスペクトパーク内にある動物園は4万8500㎡の広さがある。[5]並木道に続くブラウンストーンが美しい、パークスロープ。[6]グランド・アーミー・プラザの兵士の凱旋門（アーチ）。[7]ブルックリン・ライブラリーは無料Wi-Fi完備。館内にカフェも併設。[8]1889年に創設された、ヴェネチアゴシック建築が美しいThe Montauk Club。

イセンスな店が集まっている。8th Ave.やProspect Park W. 沿いには、130年近くの歴史を誇る会費制のソーシャルクラブで、ヴェネチアゴシック建築のThe Moutauk Club（ザ・モントーク・クラブ）や、結婚式の会場としても使われているジャコピアン様式のBrooklyn Society for Ethycal Culture（ブルックリン・ソサエティー・フォー・エシカル・カルチャー）など、優美な歴史的建造物が多数保存されており、今でも現役。

昔の人々の暮らしはどうだったのか、思いを馳せながらこの界隈を歩くのもまた楽しい。

Prospect Park
MAP[P.15 / C-3]

The Montauk Club
25 8th Ave.
MAP[P.15 / B-3]

Brooklyn Society for Ethical Culture
53 Prospect Park W.
MAP[P.15 / C-3]

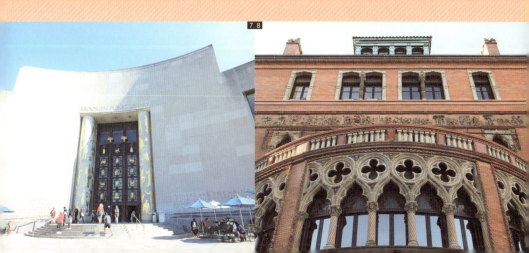

Gorilla Coffee
ゴリラ・コーヒー

カフェ

サードウェーブコーヒーの先駆者の一つ

　2002年に誕生したブルックリン生まれのカフェ。アフリカや南米など12か国のコーヒー農園から仕入れている高品質の豆をサンセットパークにある自社工場でロースト、ブレンドし、ここで提供。人気すぎて2015年ついに東京にも進出。だがブルックリン本店ではオーナーのキャロルの意向でメニュー数も最低限におさえられている。キャロル曰く、「抹茶ドリンクやシェイクを出すカフェが増えたけど、一過性のブームとして終わりたくないからトレンドはあえて追わない」。そんなポリシーこそが、15年以上もの間地元の人に愛され続けている秘訣だろう。

　ここでは、スタッフと常連客の何気ない日常会話が自然に聞こえてくる。創業当初から、シンプルなメニューやフレンドリーな姿勢は何も変わらない。ゴリラファンはおいしいコーヒーと共に、ぜひ本店の素朴な魅力を楽しんでほしい。

黒&赤の愛嬌あるゴリラマーク（コーヒー豆）がカウンターに並ぶ。

本店限定、手のひらサイズのマグカップ（$18、ガラス製は$20）。

472 Bergen St.
www.gorillacoffee.com
7:00（日曜8:00）～21:00 / 無休
MAP[P.15 / B-3]
🚇地下鉄2・3線Bergen St駅から徒歩30秒

目の前でていねいに淹れてくれるLatte（$3.50～）。

「飲みやすい豆は、Blendimentosis（$14.50、340g）」とキャロル。

オーナーのキャロル。「市内に再び2店舗目をつくる構想もある」と目を輝かせる。

おみやげからお惣菜、サンドイッチ類までそろう。

①

②

③

① 店奥のキッチンでつくられたハウスメイドのグラノーラや各種ナッツ類。② 奥のキッチンで手づくりされたディップ類。③ ブルックリンメイドのチーズ、Bismark（1パウンド $33）。④ 入り口近くには、イートインコーナーも。

Bklyn Larder
ブルックリン・ラーダー

グロッサリー

チーズとおしゃれ惣菜ならここ

「Larder」は食品貯蔵庫の意味。ブルックリン産をはじめ世界中から輸入されたハイエンドな各種チーズや食品、店のキッチンで手づくりされた新鮮で健康的な惣菜など、食欲を刺激するパークスロープのデリ＆食料品店。2009年にオープン以来、地元の人にずっと親しまれている。

なかでも人気なのは、オリジナルのグラノーラや各種ナッツ類（$6〜）、ディップ、ハマス類（$4〜）。ブルックリン産を含む全米のマイクロブルワリーでつくられたクラフトビールの種類も充実。カリフォルニア産「Dardimans」のドライフルーツは、そのまま食べても、シリアルやヨーグルトに混ぜてもおいしいと人気。オレンジやパイナップルなどがあり、ブルックリン産にこだわらなければとても軽いのでおみやげにもいい。ほかにトートバッグ、チョコレート、ジャム、お茶などもおすすめ。

228 Flatbush Ave.
☎ (718) 783-1250
www.bklynlarder.com
8:00〜21:00、日曜9:00〜20:00 / 無休
MAP [P.15 / B-3]

🚇 地下鉄2・3線Bergen St駅から徒歩30秒

Blue Sky Bakery
ブルー・スカイ・ベーカリー

`カフェ（マフィン）`

毎朝焼きたてのマフィンが自慢

　地元の人が通勤や通学前など朝ごはんのために立ち寄る店。毎朝オープンで焼き上がったばかりのマフィンは季節にもよるが5種類以上そろっている。外側はこんがりと程よい固さがあり、なかはフワフワ、甘さ控え目だ。店内には子どもも楽しめるように絵本が山積みされており、家族でゆっくりと過ごせる居心地のよさがある。キャッシュオンリー。

53 5th Ave.（パークスロープ店）
☎ (718) 783-4123
www.blueskybakery.org
7:00（土曜8:00〜）〜14:00／無休
MAP［P.15／C-4］
🚇 地下鉄2・3線Bergen St駅から徒歩3分
◎プロスペクト・レファーツ・ガーデンズ店もあり

Blueberry Peach Muffinとコーヒーのセット（$5）。

（右）甘酸っぱいフルーツと甘さ控えめの生地の相性はばっちり。
（左）2003年にオープン。気取らないカジュアルな雰囲気の店内。

Chick P
チック・ピー

`ファラフェルショップ`

揚げたてがおいしい
ファラフェル店

　Chickpeasとはヒヨコ豆のこと。中東料理のファラフェル（ヒヨコ豆のコロッケ）やハマス（ヒヨコ豆をすり潰したペースト）はベジタリアンに支持され近年店が増えており、なかでもここは人気店。Classic Foreverは揚げたてファラフェル、イスラエルサラダなどがピタパンにサンドされて$6と、ニューヨークでは驚異的なコスパ。おいしいしボリュームたっぷりで満足の一品。

490 Bergen St.
☎ (718) 783-1525
www.chick-p.com
11:00〜22:00（日曜21:00）／無休
MAP［P.15／B-3］
🚇 地下鉄2・3線Bergen St駅から徒歩1分

（上）Classic Forever（$6）。タヒニソース（練りゴマ）やピクルスなどもついてくる。（下）約10席のこぢんまりした店。オーナーのジョージ（写真）に簡単な日本語で話しかけてみて。

Park Slope / Prosect Heights

Union Hall

ユニオン・ホール

`バー` `エンターテインメント(スポーツ)`

バッチボールができる
カジュアルバー

　ブルックリンのなかでもさらに個性的なバーを探している友人に紹介する店。ブルックリンはマンハッタンに比べて地価が比較的安く、広い土地を有効利用している店が多い。ここもその一つで、地元の人に長く愛されている。目玉はボーリングのような球技、バッチボール（Bocce Ball）。バッチボールの起源はヨーロッパで、ルールは親玉に一番近いところにボールを放り投げたチームが勝ちという実にシンプルなもの。ただしボールは結構な重量があるので、それをコントロールしながら、親玉から遠すぎず近すぎずの場所に投げる必要がある。飲みながらのプレイなので盛り上がる。

　465㎡の広い店の中央に、長い砂場のレーンが2本。それを囲むように人々がドリンク片手に集まり、思い思いにプレイしたり、語り合ったりしている。地階ではバンドのライブやコメディショーも。

バッチボールは無料で、登録順にプレイできる（予約不可）。

（上）手前は落ち着いたライブラリー風のインテリア。©Union Hall
（下）誰かのリビングルームのような、気取らないコージーな雰囲気が魅力。

ビールやカクテルが各種そろっている。写真はIPA（$8）。

702 Union St.
☎ (718) 638-4400
www.unionhallny.com
16:00（土日曜13:00）〜翌4:00 / 無休
MAP [P.15 /B-3]　🚇 地下鉄 R線 Union St駅から徒歩4分

Park Slope | 105

スニーカーが美しく陳列された店内。天井に飾られているのもすべてスニーカー！

Kith
キース

`スニーカーショップ` `シリアルバー`

行列のできるスニーカーストア

週末になるとスニーカー・エンスージアスト（熱烈ファン）が集まる、ニューヨーク発のスニーカー店。この店では、人気ブランドの限定品やコラボ品が販売され、しかも少しでも安く手に入れることができるとあって、週末ともなると長い列ができる。スニーカーデザイナーのロニー・フィーグがプロデュースした店内には、最新モデルのナイキ、アディダス、ニューバランス、TCG、ロニー・フィーグなど各種スニーカー、アパレル、雑貨が並ぶ。

同店はシリアルバー「Kith Treats」との複合店ということもユニークで、アメリカ人の定番朝食シリアルが23種類そろっている。私のおすすめはシリアル入りのバニラアイスクリームIce Cream Swirl。シリアル1種類とグラノーラやクッキーなどから1種類をミックスする。カリッとした歯ざわりでおいしさがさらに増す。

アディダスの「Adidas Consortium X Kasina Superstar Boost」（$159.95）。

233 Flatbush Ave.
☎ (347) 889-6114
www.kith.com
11:00～21:00(日曜20:00) / 無休
MAP[P.15 / B-3]
🚇 地下鉄2・3線Bergen St駅から徒歩1分

（左）週末はよく行列ができている。（右）ショッピングの後はスイーツタイム！ Ice Cream Swirl（$7）。（下）店内にあるシリアル店、Kith Treats。

Prospect Heights

Bergen Bagels
バーゲン・ベーグルズ

ベーグルショップ

これぞ本物の「NYベーグル」

　近隣の人で知らない人はいない、地元で愛されているベーグル店。こぢんまりとした店内には各種ベーグルをはじめ惣菜がズラリ。とくに出勤時間帯は店内が混雑するほどの人気ぶり。添加物を一切使用していないというベーグルは、その日の朝に焼きあがったもので、やわらかくてもちもちした噛みごたえ。売れ残りはシティハーベスト（食料を貧困者に提供する団体）に寄付するなど、コミュニティにも貢献している。

　最近日本でも買えるようになったニューヨークスタイル・ベーグル。しかし、生地が重すぎて噛みにくかったり、日本人向けにアレンジしたフワフワしたものだったりで、本場の味とは似て非なりと感じる。「え?」と思ったらこの店で食べてみてほしい。味、食感、サイズにおいてパーフェクトなニューヨークスタイル・ベーグルに出合えるから。

①サーモンとクリームチーズ入りの、Nova Scotia Salmon サンド（$9）。②エッグベーグルやエブリシングベーグルなど、ベーグルは全部で14種類（各$1.25）。③カウンターに10席弱と、こぢんまりとした店内。

473 Bergen St.（バーゲン・ストリート店）
☎ (718) 789-7600
www.bergenbagels.com
6:00～22:00 / 無休
MAP [P.15 / B-3]

🚇 地下鉄2、3線Bergen St.駅から徒歩30秒
◎クリントン・ストリート店、フルトン・ストリート店もあり

夏になるとドアが全面開放される。

Prospect Heights | 107

リトルネックというハマグリを使った料理、Carrot Crepe ($16)。

Olmsted
オルムステッド

レストラン

野菜をバックヤードでも栽培

　旬の食材を使ったファーム・トゥ・テーブルが注目されているニューヨークで、ブルックリンの代表店はここ。食材の一部は、店の奥にある自家菜園で栽培されたもの。オーナーシェフのグレッグは、市内の「Per Se」やシカゴの「Alinea」など超ハイエンドなレストランのキッチンで腕を磨き、2016年満を持して自身のレストランをオープンした。メニューは季節ごとに替わり、どの料理もドリンクも期待を裏切らない。ユズ胡椒マヨネーズが添えられたCauliflower Okonomiyakiなど、全米の高級レストランでトレンドとなっている日本のエッセンスも見え隠れする。

　「人々がより健康的になれるように」という思いから、売上の5％をグロウNYC(P.135)に寄付するなど、社会貢献にも力を入れている。

すべて©Evan Sung

バックヤードで軽食やドリンクを楽しむこともできる。

659 Vanderbilt Ave.
☎ (718) 552-2610
www.olmstednyc.com
17:00〜22:30 / 無休
◎バックヤードは22:00(金土曜24:00)まで
MAP[P.15 / B-3]　地下鉄B・Q線7 Av駅から徒歩4分

グリーンが各所に置かれて明るい雰囲気。

108 | Prospect Heights

「ファースト・サタデー」では、ダンスイベントなども無料で見られる。©Kolin Mendez

Brooklyn Museum
ブルックリン・ミュージアム

`美術館`

月1イベントも大人気の美術館

歴史的な名作から現代アートまでさまざまな芸術を堪能できる美術館が多いニューヨーク。ブルックリンのランドマークとして1823年に設立された歴史あるBrooklyn Museumはアート好きはもちろん、ブルックリンカルチャーを楽しみたい人におすすめ。52,000㎡と面積が市内で2番目に広い美術館で、世界中から集められた美術品約150万点を所蔵。ピカソからアメリカ・モダニズムのマースデン・ハートレーなどさまざまな近・現代美術やエジプト美術が充実している。

コミュニティとの繋がりを大切にしており、9月以外の毎月第1土曜日午後5時から11時まで「ファースト・サタデー」という名で美術館が無料開放され、アーティストを招いたワークショップや、映画、本、音楽、DJ、ダンスなどの各種イベントが開催される（軽食やお酒の販売も）。

🚇 地下鉄2・3線Eastern Pkwy-Brooklyn Museum駅から徒歩1分

ミカリーン・トーマス などの作品が鑑賞できるアメリカン・アートのギャラリースペース。©Jonathan Dorado

建物はマンハッタンのグランド・セントラル駅と同じボザール様式。

200 Eastern Pkwy.
☎ (718) 638-5000
www.brooklynmuseum.org
11:00～18:00（木曜22:00）/ 月火曜休
入館料：来場者が決める提案価格。目安は一般（20歳以上）$16、学生（要ID）$10、シニア（62歳以上）$10、19歳以下は無料
MAP [P.15 / C-4]

Prospect Park | 109

Chavela's

チャヴェラズ

レストラン(メキシカン)

736 Franklin Ave.
☎ (718) 622-3100
www.chavelasnyc.com
11:00〜23:00(金曜24:00)、土曜10:00〜24:00、日曜10:00〜23:00 / 無休
MAP[P.15 / B-4]
🚇 地下鉄2・3・4・5線 Franklin Av駅から徒歩4分

カジュアルなメキシカンならここ

　メキシカンといえばクイーンズ区が有名だが、ブルックリンならここがおすすめ。2007年にオープンし2011年に今の場所に移転したチャヴェラズは、メキシコシティ出身のシェフ、アートゥロがつくる故郷の味が自慢。夜は混んで待つことが多いので、落ち着いて食べられる昼間の利用がいいだろう。明るい雰囲気のなかゆっくり食事ができ、昼間もバーがオープンしているのでサングリア($8)などカクテル各種をオーダーできる。

　ランチ時は日替わりスペシャルほか、ランチメニューが$8.95(ローストチキンやサーロインステーキなど11種類から選べる)。昼も夜も二人以上の場合は、盛り合わせPlato Don($16〜)をオーダーしよう。大皿にチキンやビーンズ、スパニッシュライスなどが色とりどりに盛られていて、シェアするのに最適。

昼間はこんな明るい雰囲気。バーカウンターもオープンしている。
(右)フレッシュで飲みやすい、マルガリータ(ランチ時は$9)。
(左)日替わりSpecial($11)。この日は牛肉のエンチラーダの半熟目玉焼き乗せ。

ドーム型の緑のひさしが目印。夏場は外にテーブルも出る。

The Farm on Adderley
ザ・ファーム・オン・アダレー

`レストラン（ニューアメリカン）`

ローストチキン料理（$24）。
メニューは季節に応じて変わる。

ローカル素材を使った
ニューアメリカン

　観光客がほとんどいないディトマスパーク地区で、地元の人々に長年愛され続けているニューアメリカンの店。四季折々の食材を提供していて、ミシュラン星つきの店で経験を積んできたシェフ、アレンがつくる料理はどれも繊細で上品な味つけ。近隣に住む知り合いも「私は浮気しない」と頻繁に通っている。店内は縦に細長く、その先にはバックヤードがある。春から秋にかけてそこが開放され、お日様を浴びながらの外の食事もおいしいが、店内も心地よい風が入り込み、気持ちいい空間となる。

　食材はニューヨーク近郊やペンシルバニア州の契約農家から仕入れていて、新鮮で限りなくオーガニックなものを使っているとか。世界中からセレクトした種類豊富なワインもそろう。どれを選んでよいかわからなければ、その日の料理に合うおすすめをソムリエに選んでもらおう。

1108 Cortelyou Rd.
☎ (718) 287-3101
www.thefarmonadderley.com
11:00～15:00、17:30～22:30（金土曜23:30）、
土日曜10:30～15:30、日曜17:30～22:00 / 無休
MAP[P.16 / C-2]
🚇 地下鉄Q線Cortelyou Rd駅から徒歩4分

壁にはローカルアーティストの絵が飾られている（年4回ほど変わる）。

つたが生い茂る、広いバックヤード。

入り口のバーエリア。女性一人でも入りやすい。

Flatbush - Ditmas Park | 111

Sycamore
Bar & Flower Shop

シカモア・バー・アンド・フラワーショップ

`バー` `花屋`

❶バーカウンター。カクテルは季節ごとに変わる。❷水〜日曜オープンのフラワーショップ。❸テキーラベースで飲みやすいカクテル、Mockingbird（$13）。

地元のママにも
支持されるバー＆花屋

　地元の友人がおすすめだとこっそり教えてくれた、とっておきの一軒。バー＆花屋として2008年にオープンした、ニューヨークで近年増えている混合店の先駆け的存在だ。花屋は夜閉まるが、バーでブーケなどを購入できデートにも人気。

　私がこの店を好きな理由は、ハイセンスな花屋があるというのももちろんだが、昼間のバーが明るく、女性一人でも入りやすい雰囲気だから。ママたちがストローラー（ベビーカー）と一緒にバックヤードで、お一人様（＆ベビー）もしくはママ友らとビールやワインを軽く飲みながら午後の息抜きをしているのもよく見かける。アメリカのバーと言えば、何かと男くさい印象だが、この店はママ友にも支持される希少なお店なのだ。

1118 Cortelyou Rd.
☎ (347) 240-5850
www.sycamorebrooklyn.com
バー＝15:00〜翌2:00, 金曜15:00〜翌4:00, 土曜13:00〜翌4:00, 日曜13:00〜翌2:00 / 無休
花屋＝14:00（土日曜10:00）〜19:00 / 月火曜休
MAP [P.17 / C-2]

ブルックリンで最初のバーと花屋の混合店だ。

奥はバックヤードになっていて、午後になると赤ちゃん連れのママたちもよく見かける。

🚇 地下鉄Q線Cortelyou Rd駅から徒歩4分

My favorite things about Brooklyn.
ブルックリンを語る人々 ①

よいバランスで常に変化する街

——ブルックリン・マガジン発行人、映画監督

Daniel Stedman
（ダニエル・ステッドマン）
ブルックリンのカルチャーやグルメなどをカバーする雑誌『Brooklyn Magazine』の共同経営者、発行人、イベントプロデューサー。映画監督としても活動し、自作の短編映画『Celebration』がベルリン国際映画祭で受賞するなど数々の実績がある。ブルックリン在住。
www.northsidemedia.com

　ブルックリンの最新情報を紹介する雑誌『Brooklyn Magazine』を発行しており、「SummerScreen」など屋外映画イベントほか、音楽や食のイベントも手がけている。

　大学卒業後の1990年代、ブルックリンに来たきっかけは映画制作のためだった。アパートを借りたのはレッドフック。家賃が安かったからだけど、何にもなくてシーンとしていたよ（笑）。近所の不良グループが銃で恐喝している噂を聞き、兄の住むウィリアムズバーグに引っ越した。その兄が雑誌を創刊したいと、2003年に一緒に立ち上げたのが前身の『L Magazine』。地元情報を包括的に紹介する若者向け雑誌として親しまれた。

　とてつもなく膨大な情報があふれるこの街で、文化的な仕事ができてラッキーに思う。ブルックリンも含むニューヨークについてのジョン・レノンの引用句がある。"If I'd lived in Roman times, I'd have lived in Rome. Where else? Today America is the Roman Empire and New York is Rome itself."（もしローマ時代に生きていたらローマに住んでいただろう。こんにちのアメリカはローマ帝国であり、ニューヨークこそローマそのもの）。この街をうまいこと表現した言葉だ。ブルックリンにはアート、文化、イノベーションがバランスよく存在し、常に変化するのがおもしろい。ただ近年のブルックリンブームで不動産が高騰し、一部の層に恩恵を与えている一方で、低所得者層の生活を圧迫している。今後は社会的弱者も楽しめるルネッサンス的なプラットフォームを創り、コミュニティに還元したい。

季刊誌『Brooklyn Magazine』（$5）。本屋やニューススタンドで販売している。

ダニエルさんのお気に入り　Daniel's Favorite

　オールドスクールな（古きよき）ものが好きだ。ゴワヌスのイタリア料理店「Two Toms」は昔気質（かたぎ）の職人がやっている店。もう一軒、1887年創業の老舗ステーキハウス「Peter Luger Steak House」も古きよきものの王道だ。

INFO

Two Toms（トゥー・トムス）
www.twotomsrestaurant.com　MAP [P.14 / B-2]

Peter Luger Steak House
（ピーター・ルーガー・ステーキ・ハウス）
www.peterluger.com　MAP [P.11 / B-1]

ダンボにあるダニエルのオフィス。

Fun Activities in Brooklyn

ブルックリンでできるアクティビティ

なにも買い物や街歩きだけがブルックリンの楽しみ方ではない。意外かもしれないが、遊園地と一体化したビーチ、コニーアイランド（P.116）や動物園などが併設されたプロスペクト・パーク（P.100）など、ブルックリンには子どもから大人まで楽しめるアクティビティ・スポットが豊富だ。どこへでも地下鉄で気軽に行けるというのも魅力の一つ。

ブルックリンハイツのウォーターフロントにある、Brooklyn Bridge Park Boathouseでは、6月から9月までの木曜と土曜日、カヤックがなんと無料で楽しめる。予約は不要で、来た人から順にエントリーできる。20分の時間制限があるものの、カヤックでスイスイゆらゆら揺れながらぼんやりと見るブルックリン・ブリッジやマンハッタンの風景は最高！場所はイースト・リバーのPier1とPier2の間で、Pier2の北側に乗り場がある。アクセス方法はさまざまだが、一番わかりやすいのはダンボのOld Fulton St.から遊歩道に入り、南へ歩けばPier1と2が見つかる。

また、カヤック乗り場のすぐ隣（Pier2）には、バスケットボールやハンドボールができるコートが設置されており、冬季以外はローラースケート場もオープンしている。とくに週末は、アクティビティで汗を流すニューヨーカーでにぎわう場所だ。

日本でも人気のボルダリング。Brooklyn Bouldersは2009年にオープンし、人々に親しまれ

ている。地元のグラフィティ・アーティストらの壁画が施されたヒップな施設で、5歳から85歳までのメンバーが通っているそうだ。ヨガクラスやコワーキングスペースも完備。初心者から世界レベルのクライマーも利用している。

　ブルックリン南西部のベイリッジ地区にはゴルフ場、Dyker Beach Golf Courseがある。現在のコースがオープンしたのは1935年と、長い歴史を持つ。タイガー・ウッズの父親アールもここでプレーしていたとか。全体的になだらかな傾斜で、どちらかというと初心者向き。大自然のなかでプレイしていると、ここがブルックリンだということを忘れてしまうだろう。地下鉄R線86 St駅からゴルフ場の入り口までは徒歩5分ほど。

　あまり知られていないが、Rockaway Beachはおでかけ気分が楽しめるスポット（厳密にはブルックリン区ではなくクイーンズ区内）。地下鉄A線Beach 67 St駅やBeach 90 St駅まで、乗り換えなしで行け、フェリーでも行くことができる。

　ニューヨークでは馬に乗った警官を見かけることがあるが「私も馬に乗りたい！」と思ったらここへ。Prospect Parkの南側には乗馬クラブ、Kensington Stablesがある。乗馬の個人レッスンは30分$42、1時間$68（グループレッスンは割引あり）。馬に乗っていると、普段とは違うブルックリンの景色が見えてくる。

Brooklyn Bridge Park Boathouse
www.bbpboathouse.org
MAP[P.12 / A-1]

Brooklyn Bridge Park
www.brooklynbridgepark.org
MAP[P.12 / A-1]

Brooklyn Boulders
www.brooklynboulders.com/brooklyn
MAP[P.15 /B-3]

Dyker Beach Golf Course
www.dykerbeachgc.com
MAP[P. 5]

Kensington Stables
www.kensingtonstables.com
MAP[P.16 / C-1]

1 ボルダリングが楽しめるBrooklyn Boulders。**2** Brooklyn Bridge ParkのPier2では、人々がスポーツで汗を流している。**3** 無料でカヤックができるBrooklyn Bridge Park Boathouse。

Fun Activities in Brooklyn

Coney Island 地下鉄で行ける
コニーアイランド

　ブルックリン最南端に位置し、ローワーマンハッタンから地下鉄で1時間ほどの距離にある、気軽に行けるビーチリゾート。夏場は海水浴客でにぎわい、思い思いに日光浴やビーチバレーなどを楽しむ人々でいっぱいだ。

　ビーチのすぐそばには、カラフルでレトロな雰囲気の二つの遊園地、1903年に開園の「Luna Park」(ルナ・パーク)（1946年に閉園、2010年に再オープン）と1950年に開園の「Deno's Wonder Wheel Amusement Park」(ディノス・ワンダー・ウィール・アミューズメント・パーク)がある。共に長い歴史のなかで人々に愛されてきた。例年3月末から10月までの週末に（夏季は毎日）オープンし、Sideshow（見世物小屋）なども健在。ノスタルジックな気分に浸って楽しめるだろう。

　ビーチには全長4.8kmのボードウォークがあり、散歩するのも気持ちいい。時間があればすぐそばのニューヨーク水族館にも立ち寄ろう。冬季は、近くにあるAbe Stark Sports Centerでアイススケートもできる。

（上）ビーチがあり、ニューヨーカーの庶民派リゾートとなっている。
（下）遊園地とビーチの間に整備されているボードウォーク。

ニューヨークの歴史的建造物
Parachute Jump & Thunderbolt
パラシュートジャンプ＆サンダーボルト

1939年完成のパラシュートジャンプは、ニューヨーク市のランドマークおよび国の歴史的建造物として保存されている。ちなみにルナ・パークのもう一つの歴史的なジェットコースター、サンダーボルトも2014年に再オープンし、こちらは今も現役。

1927年完成の木製ジェットコースター
Cyclone
サイクロン

ルナ・パーク名物の乗り物。ガタガタ揺れ今にも脱線しそうな最悪（？）の乗り心地で、最新の絶叫マシーンとは異なる恐怖感が楽しめる。市のランドマーク、および国の歴史的建造物に指定されている。

116　Coney Island

ビーチ＆遊園地

MAP[P.13 / C-1・2]

コニーアイランド名物
Nathan's Famous
ネイサンズ・フェイマス

1 ソーセージ自体に味がしっかりついている、食べごたえのあるHot dog（$4.50）。 2 1916年創業のホットドッグ店。Surf Ave.沿いに本店、ボードウォーク沿いに支店がある。

> コニーアイランドに来たらこれはマスト！

Luna Park
www.lunaparknyc.com

◎30のアトラクションがあり、1日乗り放題券*は平日一般$49、週末一般$69。

Deno's Wonder Wheel Amusement Park
www.denoswonderwheel.com

◎観覧車やお化け屋敷など各種アトラクションがあり、各1回券$8、5回券$35。

*「Deno's Wonder Wheel Amusement Park」にある観覧車ワンダーウィールとその遊具は、1日乗り放題券に含まれない。
※共に3月末〜10月は週末のみの営業で、6月末から9月頭のレイバーデーまで無休、冬季はクローズ。

1903年にできたレトロな遊園地もあるコニーアイランド とくに夏ににぎわう。

高さ45.7mのレトロな観覧車
Wonder Wheel
ワンダー・ウィール

1920年からディノス・ワンダー・ウィール・アミューズメント・パークで稼働している市の公式ランドマーク。24のゴンドラのうち16台が独特のスイングをする（ゆりかごのように揺れる）。ミシミシ＆ゴーッと歴史を感じる音をたて、ちょっとしたスリル感を味わえる。として指定されている。右写真は乗車時に見える景色。

Coney Island | 117

Urban legends in brooklyn

ブルックリンの都市伝説

一時期に比べ少なくなったが、まだたまに見かけるシュー・トッシング。

ニューヨークに住んで16年。そのうちトータル10年以上ブルックリン（2か所）に住んでいる。長く住むと、都市伝説もさまざまなものが耳に入ってくる。果たして嘘かまことか。ブルックリンに関する噂はというと…

ステルス・マーケティングの一環であるステルス・スターバックス（スタバの看板を出さずに市場調査目的で営業しているスターバックスの店舗）が、ブルックリンにいくつかある。

悪名高かった通称"ドブ川"のゴワヌス運河。その昔、マフィアがこの運河によく死体を捨てていた。

1960年代の冷戦期にニューヨークをはじめ全米で建設された核シェルター（FALLOUT SHELTERと書かれたサインが掲げられている）。ブルックリンではブルックリン・ブリッジの近く、ブルックリンハイツあたりに建設され今でもそのままの形で残されている。

泥棒に入られたら、ブッシュウィックの中古店が集まるニッカーボッカー通り（Knickerbocker Ave.）をチェックせよ。盗難品は、翌日以降だいたいそこで売られている。

グリーンポイントの土地には、昔垂れ流しされた石油の廃液が今でも染み込んでいる。

ブルックリンでよく見かけるシュー・トッシング（電力線などにかかっているスニーカー）は、その近辺のドラッグディーラーの存在を告げるサインである。

…らしい。さすがは都市伝説。こうやって列挙すると、悪い噂が実に多い(!!)。

信じる・信じないはあなた次第。ブルックリンのバーで隣合った地元の人に、「こういう噂聞いたんだけど、本当だと思う？」なんて聞いてみて。地元ブルックリンのことになると、とくに話が止まらない、地元愛あふれるブルックリナイツ（P.171参照）たちと会話が盛り上がること必至。

Brooklyn Culture

ブルックリンの文化

レッドフックのウイスキー蒸溜所
ヴァン・ブラント・スティルハウス (P.154) にて。
©Daric Schlesselman

The Artisanal Life in Brooklyn

つくり手の温度が感じられるモノ
それを大切に使い愛おしむ文化

　ブルックリンでは、つくり手の顔や思い、手の温もりなどが見えたり感じとれたりするプロダクトへの愛着が高まっている。ハンドクラフトにこだわる職人や芸術家たちは、マンハッタンより地価が低く広いスペースが借りやすいブルックリンに集まり、日々制作活動に励んでいる。週末に開かれるフリーマーケットやオープンスタジオに行くと、手づくりの洋服、スキンケア、リップバーム、革製品、チョコレートや漬物...さまざまなモノをていねいに少量生産しているクラフトマンやその商品に出合うことができる。

　ここではブルックリンで活躍するクラフトマンシップにあふれたデザイナーやアーティスト、手づくりの作品を購入できるマーケット、食の職人たちによるフードマーケット、マイクロブルワリーやワイナリーなど、ブルックリンらしさの文化を担う人々やスポットをご紹介！

by boeの創業者＆デザイナー、アニカ。

Meet the Artisans 1

ジュエリーデザイナー
Annika Inez(アニカ・イネス)

ジュエリーブランドby boe(バイボー)の創業者＆デザイナー。スウェーデン出身、2004年に創業。マンハッタンのアッパーイーストサイドで「Annika Inez」名で、2000年リテールストアをオープン。その後by boeに変更して、ブルックリンのダンボ（2011年）を経由し、現在はインダストリー・シティ（P.78）にオフィス兼スタジオを構える。www.byboe.com

繊細でフェミニンなジュエリーは自然光が降り注ぐスタジオで産声をあげている。

「2018-Iシリーズ」より。やわらかいカーブがポイント。

122 | Brooklyn Culture

ブルックリンは
創作の場として落ち着く街

　世界20か国以上で販売し大人気のジュエリーブランド、by boe。アトリエは2015年、ダンボからサンセットパークのインダストリー・シティへ移転した。「観光地化して人であふれるダンボより、今の場所の方が創作をする上で落ち着く」とアニカ。窓から自然光が降り注ぐ明るいスタジオで、6名のスタッフらと共に制作活動をしている。
　ブルックリンのコブルヒルに住み、自転車通勤している。「朝8時半にはスタジオに来て、帰りは娘を迎えに午後早い時間だったり遅くまで残ったりさまざま。スタッフがいない土曜日は静かでとくに仕事がはかどるわ。気分によって好きな音楽をかけて楽しんでいるの」
　音楽好きのアニカ。お気に入りはCesaria
エヴォラ　　ケープ・ヴェルデ・モーナ　ベンジャミン・クレメンティン
Evora、Cape Verde Morna、Benjamin Clementine、
ティーヴィー・オン・ザ・レディオ　ストロマエ　フランク・オーシャン
TV On The Radio、Stromae、Frank Oceanなど、インディーロック、ヒップホップ、R&Bと幅広い。ジュエリーの新しいアイデアやインスピレーションは、音楽や映画から得ることもある。「コンセプトをもとに試行錯誤を重ねてやっと一つの作品ができたあとに、雑誌の切り抜きや音楽やミュージシャンとの会話を通して、さらに新しいインスピレーションが湧いてくることもあるのよ」
　アイデアに行き詰まったときのことを尋ねると、「1日かかってもそこにしがみついて極限まで最善を尽くす。それでもダメなときは、ビーチや映画に行って気分転換。インダストリー・シティは最高の場所。夕日を見ながらのサンセット・ヨガやライブミュージックなどが開催されているし、敷地内にはスイーツの製造工場、理髪店、ウォッカ蒸溜所まであったり、職人が多くて刺激を受けているわ」と、楽しそうに教えてくれた。

アニカはじめ、このアトリエで働く職人が使うジュエリーづくりのための材料や工具。

「隔週土曜日は私だけここで仕事するの」とアニカ。

Brooklyn Culture | 123

アップサイクル家具職人アンバー。アトリエ上階にある彼女のオフィスにて。

Meet the Artisans 2

アップサイクル家具職人
Amber Lasciak
（アンバー・ラシャック）

廃材を利用した家具デザイン＆製作会社Redu(リデュー)の創業者＆家具職人。映像ディレクターとして16年間活動後キャリアチェンジし、2012年に創業した。現在はレッドフックの倉庫街に、オフィス兼スタジオとウェアハウス（倉庫）を構える。www.redunyc.com

MAP[P.14 / B-1]

アップサイクリング家具が置かれているオフィス。湾が見渡せ、遠くには自由の女神も！

廃材やコーヒー豆の袋が素敵な家具やトートバッグに蘇っている。

124 | Brooklyn Culture

この街で持続可能な
環境づくりを実践

　サステイナブル（持続可能）なライフスタイルへの関心が高まっている全米の大都市圏では、リサイクルの一歩先を行く「アップサイクル」という概念が注目されはじめている。素材を原料に戻し再利用するリサイクルと違い、アップサイクルは廃材など捨てられようとしている材料を使って、より新たな価値を生み出すこと。

　「他人からすれば不要なものでも、それを素材として使い、いかに価値あるものに変えるかが私たちの使命」と話すのは、アップサイクル家具職人のアンバー。環境に関心の高い層が多い西海岸で育ち、東海岸のニューヨークに移って辟易したのは、ゴミや廃材、ポイ捨ての多さだった。16年間もの映像ディレクターのキャリアを捨て、一念発起しReduを旗揚げした。

　レッドフックの倉庫街にある650㎡の広いアトリエは、まるで骨董屋のようだ。所狭しと、アンバーらが「レスキュー（救助）した」物であふれかえっている。木工製作所から出た廃棄される直前の木片、カフェ輸送後に不要になったコーヒー豆の袋、映画制作現場で使われて役目を終え、今にも捨てられようとしているメタルの廃材、そして道で拾ってきた家具など…。

　一見ガラクタやゴミでも、アンバーらアップサイクル職人の手にかかると見違えるように蘇る。作品はブルックリンやマンハッタンのレストランやカフェが家具として購入することが多いとか。また彼女たちがアップサイクルしたテーブルが、テレビのトークショー番組『Mind Shift』のスタジオで使われたこともある。

　事前にアポを取れば、アンバーのスタジオ兼ショールームを見学することもできるし、家具はオンラインでも購入できる。

　「将来的には、家具のみならず洋服など、あらゆるものをアップサイクリングすることになると思うわ」。アンバーはそう言いながら目を輝かせた。

Reduで働いて3年になる、ウッドワーカー（木工職人）のカヤ。

廃材の木片からできあがった個性的な椅子。

Gowanus Studio Space。入会費用は$300で、月$160〜工房スペースが使える。

シェア文化が根づくブルックリン
Gowanus Studio Space
MAP[P.14 / B-2]

メタル職人が使うメタル工房スペース。

奥のプリント工房スペース。

3人のアーティストとシェアしているマルチ職人アダムのスタジオ。

　ルームシェアなどシェア文化がもともと根づいているニューヨークでは近年、自転車シェアやコワーキングスペース（シェア・オフィス）なども頻繁に活用され、シェア文化がさらに加速している。ここに住む人々はシェアをすることに関して日本よりオープンで寛容だ。職人やアーティストも作業スペースをシェアするのが一般的で、広いスタジオがリーズナブルに借りられるシェア工房は、若手アーティストの強い味方。備えられた工具を自由に使えるので、創作活動に打ち込める。大型の機械を購入するなど初期投資はいっさい必要なく、ワークショップを開いて職人同士の交流も手助けするシェア・スタジオ。シェアから生まれるコラボレーションも多く合理的だ。

　ここでは木工工房、プリント工房、メタル工房も備え、ブルックリンの職人に支持されているシェア・スタジオ「Gowanus Studio Space」で活躍する注目の職人をご紹介。www.gowanusstudio.org

126　Brooklyn Culture

Meet the Artisans 3

マルチ職人
Adam Jackrel（アダム・ジャックレル）

コーディングの講師をしながら、歴史的な地図のプリンティングやライトスカルプチャー（照明看板）を製作するマルチ職人。衣装制作もし、テイラー・スウィフトの衣装プロジェクトメンバーの経験も。Gowanus Studio Spaceの個室スペースを3人のアーティストとシェアしている。
www.etsy.com/shop/hereliesdragons
www.instagram.com/deadboy00/?hl=en

細部までこだわった地図づくりをするアダム。

Meet the Artisans 4

スクリーンプリント・アーティスト、
イラストレーター
Kenneth R. Shaw（ケニス・R・ショウ）

愛称はケン。本職はアニメクリエイターで、平日はマンハッタンのアニメーション会社で働きながら、週末はこの工房でスクリーンプリントを製作。4色のドットでつくった新技法にも挑戦中。Gowanus Studio Spaceのプリント工房スペースを、アーティストとシェアをしている。
https://ctznken.myportfolio.com

6色印刷のスクリーンプリントも創作しているケン。

Meet the Artisans 5

木工職人
Ellis Calvin（エリス・カルヴィン）

平日はアーバン・プランナーとしてオフィスで都市計画の仕事をし、週末は自身のブランド「Fullweather Co.」の家具職人として創作活動に没頭。オンラインショッピングで販売もしている。木のぬくもりの感じられる手触りのよい繊細な家具や食器が特徴。主に週末や夜間にGowanus Studio Spaceの木工工房スペースを他のアーティストらとシェアしている。
www.fullweather.co

「本職の職場とここでは使う脳が違うから楽しい」とエリス。

Market & Food Hall

職人や生産者のこだわりが集まる場所

　昔からニューヨークの至るところで開催されているフリーマーケット（蚤の市）は、古きよきものに価値を見出す人々に愛され続け、今も週末ごとのイベントとして定着している。一方、ポップアップストアが集まるマーケットは、地元アーティストによる生まれたてのブランドに出合える場所。職人が時間をかけて手づくりした作品を誰よりもいち早く入手できる。

　食の分野でも、同じようなコンセプトが支持されている。大手スーパーが進出してこようと、ファーマーズマーケットの人気は衰え知らず。生産者が1か所に集まり直接販売し、消費者は直接生産者から採れたての野菜を手にできるのだ。また、店を出すまでに至らない小さな飲食店も、屋外の空き地やフードホール（フードコートのおしゃれ版）にポップアップ形態の小さいな店をまずオープンさせる。

　これらの場所を訪れると、職人や生産者側のモノや食へのこだわりを直に感じられるだろう。そこでやりとりされるモノが決して地元だけに終わらず、目利きのバイヤーやプランナーが世界中から買いつけや誘致にやって来るというのも、なんともブルックリンらしい。

Brooklyn Flea
ブルックリン・フリー

`フリーマーケット`

ブルックリン発
NY最大級の蚤の市

　ひと昔前までニューヨーク中の空き地やガレージなどで頻繁に開催されていたフリーマーケット（蚤の市）。ニューヨーカーは、壊れるまで捨てない、使えるまで大切に使い続けるという、モノへの愛着がとても深い。

　そのDNAをしっかりと受け継ぎ、2008年にブルックリンで誕生した「Brooklyn Flea」は、4月から10月の毎週末はブルックリン内の屋外の会場で、そのほかの季節は屋内で開催されており、毎年場所を変えながらどんどん規模が大きくなっている。今ではマンハッタンに出店するまでに成長した。

　会場では約100のベンダーが大集合。質のいい古着やヴィンテージ、アンティーク家具、食器、ローカルのアーティストによるジュエリーや絵画、雑貨、おもちゃなど、さまざまな掘り出し物に出合える。一見ガラクタのようなものも、誰かにとっては宝物。私もちょっとしたアクセサリーなど掘り出し物とよくここで出合う。「たくさん買うから少し割引して」という値段交渉も楽しい。

①2016年の会場、フォートグリーンでの様子。屋外開催だが、雨天決行だ。©Brooklyn Flea ②古くて雰囲気のあるカメラたち。使えるかどうかは、その場で確認しよう。③毛皮やコートなど、質のよいものがそろっている。

各地を巡回
www.brooklynflea.com
シーズンにより日曜、もしくは土日曜10:00〜17:00
◎マンハッタンでもシーズンによって開催（ウェブサイトでスケジュールを確認のこと）
◎関連記事：P.134（ファウンダーのインタビュー）

Brooklyn Culture | 129

倉庫跡地の広い敷地内に出店ベンダーが大集合。

帽子、ジュエリー、カバンなども売られている。

Artists & Fleas
アーティスツ・アンド・フリーズ

マーケット

新しい才能に出合えるマーケット

　ブルックリン発、週末のみ開催の活気と夢があふれるマーケットプレイス。ベンダーの多くは地元ブルックリンベース。世界中からセレクトショップのバイヤーも買いつけに来るという。有名になる前の青田買いができるものいい。「Artists & Fleas」は2003年にスタートし、またたく間に大人気となり、今ではマンハッタン2か所とロサンゼルスにも進出するほどに成長した。

　売られているのは、ヴィンテージの古着、アクセサリー、スキンケア＆バス商品、雑貨、フード、絵画などアート作品など。まだ店舗を持たない若手アーティストやデザイナーたちによる手づくり少量生産の商品、誕生したばかりの創造性豊かで唯一無二のユニークな商品に出合える。トートバッグやポーチなど、軽くておみやげに最適なものもたくさん見つかる。

真っ赤な壁が目印の、Artists & Fleasの入り口。

70 N. 7th St.
☎ (917)488-4203
www.artistsandfleas.com
土日曜 10:00〜19:00
MAP [P.11 / A-1]
🚇 地下鉄L線Bedford Av駅から徒歩5分

FAD Market

ファド・マーケット

マーケット

不定期開催の巡回マーケット

　ファッション、アート、デザインが融合した、刺激的で楽しいマーケットプレイス。2016年にスタートし、毎回ブルックリンのみならず、世界中から約40前後のベンダーが集まる。アパレル、ジュエリー、スキンケア＆バス商品、テーブルウェアや家具など、無名の若手アーティストやデザイナーによる少量生産のクラフト作品がたくさん出品される。誕生したばかりの最新ブランドやお店ばかりで世界中のバイヤーも買いつけに来る。おみやげ選びにもおすすめだ。

　会場は、イベント用の催し場や工場跡地、ブルックリン・ヒストリカル・ソサエティ（P.84）などの博物館内スペース、はたまたコニーアイランドの屋外スペースまで、使えるところは使っちゃえとばかりにブルックリン中のユニークな場所を巡回しながら、不定期で開催している。スケジュールや会場はウェブサイトで確認のこと。

（上）ベビー用のアパレルを手づくりしている「JAM JAMS JAM」。
（右）JAM JAMS JAMの手づくりビブ（よだれかけ）、$15。

（上）手づくりハンドバッグ「Shana Luther（シャーナ・ルーザ）」とデザイナーのシャーナ。（右）革製のHill Backpack（ヒル・バックパック、$270）。

ブルックリン各地を巡回
☎ (917) 775-4636
www.fadmarket.co

The Invisible Dog Art Centerで2017年に開催されたときの様子。

Smorgasburg
スモーガスバーグ

屋外フードマーケット

世界のベンダーが集まる
屋台市場

　食欲をそそるスモーキーな香りに威勢のいい掛け声、お腹を空かせた来場客でごった返す敷地内…。人々の活気あふれる週末のみの屋外フードマーケッ

1 ブルックリン・フリーの姉妹イベント。昼どきはどこも混むので、早めの時間に行こう。**2** プリプリの新鮮なロブスターロール。**3** ウィリアムズバーグのイースト・リバー・ステイトパークで開催されたときの様子。©Brooklyn Flea **4** お焦げが香ばしい本格的なバーベキューもある。©Brooklyn Flea **5** Outer Boroughの香ばしいパンケーキ・サンド（$9）。©Brooklyn Flea

ウィリアムズバーグ、ダンボ、プロスペクトパークなど、各地を巡回
———————————————————————
www.smorgasburg.com
4〜10月の土曜11:00〜18:00（ブルックリン）
4〜10月の金土曜11:00〜20:00、日曜11:00〜19:00（マンハッタン）
◎11月から3月までのオフシーズンは屋内で不定期開催されていることもある。ウェブサイトで確認のこと
◎関連記事：P.134（ファウンダーのインタビュー）

ト、スモーガスバーグは、2011年5月にウィリアムズバーグのウォーターフロントからはじまった。ブルックリンの公園や広場、空き地などを利用して、会場を巡回しながら開催している。今では人気が出すぎて、マンハッタンやロサンゼルス、そして日本（大阪）にも進出するほどに成長した。

本家ブルックリンでは4月から10月までの毎週末、青空の下に毎回100を超える軽食ベンダーが集まる（11月から3月までのオフシーズンは会場を限定して開催）。広い敷地内には、ハンバーガーやバーベキュー、ホットドッグ、タコス、ロブスターロールなどから、フィリピンの春巻き、香港の卵ワッフルなど、世界各国のB級グルメがそろう。なかにはタコ焼き、お好み焼き、ラーメンなど日本食の出店もある。青空の下で食べるフードやドリンクの味は格別だ。

会場はその年によって異なる。スケジュールや場所はウェブサイトで確認しよう。

My favorite things about Brooklyn.
ブルックリンを語る人々 ❷

魅力はダイバーシティ（多様性）
——スモーガスバーグの創業者

Jonathan Butler
（ジョナサン・バトラー）
Eric Demby
（エリック・デンビー）

ブルックリン発の人気フリーマーケット「Brooklyn Flea」、食の屋台市場「Smorgasburg」、フードホール「Berg'n」（P.136）の共同創業者。近年、人々がブルックリンに来たくなるきっかけをつくった仕掛け人として知られる。ともにブルックリン在住。

僕（ジョナサン）はマンハッタンで、エリックはメイン州およびコネチカット州で育ったけど、今は二人とも住まいも働く場所もここブルックリンだ。僕が最初にブルックリンに来たのは2003年。住みはじめてすぐにこの街が好きになった。当時住んでいたのはウィリアムズバーグで、2年後にクリントンヒルに引っ越し、2008年4月にエリックとフリーマーケット「ブルックリン・フリー」（P.128）をフォートグリーンではじめたんだ。

ブルックリンの街の魅力はそのダイバーシティにあると思う。約50のネイバーフッド（地区）に260万人が住み、それぞれのエリアがまったく異なる特徴を持っている。2011年に「スモーガスバーグ」（P.132）を最初にはじめたウィリアムズバーグは、今でもインダストリアルな建物が残る歴史を感じるエリアだし、フォートグリーンやブルックリンハイツ、クリントンヒル、コブルヒルなどには、ブラウンストーンが立ち並び、美しい佇まいが当時のままに保たれている。南端のコニーアイランドにはビーチと遊園地があって開放的な雰囲気だ。またカリブ海出身者が多く住むフラットブッシュを歩けば、一瞬にしてカリブの空気に触れられるだろう。とにかくいろんな顔を持った街だと思う。

ジョナサンさんのお気に入り　Jonathan's Favorite

南ウィリアムズバーグの「Diner」は1999年にオープンし、当時パッとしなかったウィリアムズバーグの雰囲気を変えた先駆け的な存在。オーナーは僕が以前住んでいたときのアパートの大家さん、アンドリュー・ターロウ*。クリントンヒルの「Locanda vini e Olii」は昔の薬屋さんの建物で、外観のみならず内装も歴史と伝統が残るとても素敵な建物。料理は素朴なイタリアンでおいしいよ。

©Diner

INFO
Diner（ダイナー）
www.dinernyc.com　MAP［ P.11 / B-1 ］
Locanda vini e Olii（ロカンダ・ヴィニ・エオリイ）
www.locandany.com　MAP［ P.15 / B-3 ］

*ブルックリン在住のレストラター（レストランビジネスの経営者）で、ウィリアムズバーグ近代化のパイオニア的存在。人気店「Diner」「Marlow & Sons」をはじめ、ブルックリンのランドマーク「Wythe Hotel」（P.162）を手がけている。

セロリや赤カブなど、季節ごとの採れたて野菜が並ぶ。

GrowNYC Green Market
グロウNYC・グリーン・マーケット

屋外ファーマーズマーケット

青空ファーマーズ・マーケット

生ごみは回収され堆肥に、服や靴もリユースやリサイクルされる。

　生産者の顔が見え、新鮮な食物を安心して購入できるマーケット。ブルックリンの「生活」が垣間見られるとあって観光客にも人気のスポットだ。ニューヨーク州および近郊に点在する約230の契約農家が採れたての野菜や卵、肉や魚介類、パン、ハチミツ、乳製品などを販売。消費者が健康的な食材へアクセスしやすいこと、同時に地元の農業を促進すること、という二つのミッションを掲げており、健康志向のニューヨーカーに大人気。

　市内各地で開催されていて、ブルックリンではブルックリン・ボロー・ホール（毎週火・木・土曜日）やグランド・アーミー・プラザ（毎週土曜）など約10か所で開催。ウェブサイト内の「Find a Market」で場所や曜日などを確認できる。敷地内には一般家庭の生ゴミを堆肥に変えるコンポストコーナーも設けられている。クレジットカードを使える店もあるが、現金も用意して行ったほうが無難だ。

焼きたてベーカリーもあるので、翌日の朝ごはんに買ってみては？

形は均一ではないけど自然な証拠。それがファーマーズ・マーケットのよさだ。

ニューヨーク市内各地で開催
☎ (212)788-7476
www.grownyc.org
◎日時と場所はウェブサイト参照

Lumpia ShackのSisig "Pig Face"Hash（$14）は豚肉の鉄板焼き。おすすめ！

赤レンガの建物は以前はサービスステーション（給油所）だった。

899 Bergen St.
www.bergn.com
フード＝9:00～22:00、金土曜10:00～23:00、日曜10:00～22:00/月曜休
バー＝11:00～23:00、金土曜11:00～深夜、日曜11:00～深夜/月曜休
MAP[P.15 / B-4]

🚇 地下鉄S線Park Pl駅から6分

◎関連記事：P.134（ファウンダーのインタビュー）

Berg'n
バーグン

`フードホール` `ビアホール`

スモーガスバーグのフードホール版

　倉庫や車の修理工場などが残るクラウンハイツの住宅地に、2014年突如現れたヒップなフード＆ビアホール。ブルックリン・フリーやスモーガスバーグの姉妹店で、ベンダーは「Mighty Quinn's BBQ」（マイティ クインズ）「Landhaus」（ランドハウス）「Lumpia Shack」（ルンピア・シャック）などと、すべてスモーガスバーグの人気店。

　836㎡の広さを誇り、自動車やトラックの給油所として1920年に建てられた歴史的な建物。一時は家具倉庫などとしても活躍し、現在はオフィスビルも兼ねたスペースだ。フードホール内にはバーカウンターやカフェも併設され、いくつも連なる大きなコミューナルテーブルでは、昼間からビールやワイン片手におしゃべりする人や仕事をしているクリエイターらも見かける。夜は一転、活気のあるビアホールへと様変わりする。

知らない人同士テーブルをシェアし、食事や仕事をしている。左はバーカウンター。

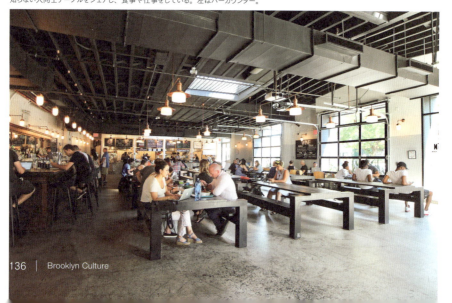

Katz's Deliは、地元のビジネスマンにも大人気。ランチ時はすごく混む。

Lioniのチキンカツ＆パルメザンチーズのサンド、Mario Andretti（$11）。

Dekalb Market Hall
ディカルブ・マーケット・ホール

フードホール

40ものベンダーが集まるフードホール

　2017年6月にオープンした、ダウンタウンブルックリンのフードホール。約40ものフードベンダーが集まり、どれも魅力的すぎて私はいつもどの店にするか迷ってしまう。はじめて行くなら、地元ブルックリンの老舗イタリアンヒーロー店「Lioni（リオーニ）」がおすすめ。本店同様にここでも150種類以上のヒーロー（細長いパンでつくったサンドイッチ）が楽しめる。また、ブルックリン進出を果たしたマンハッタンの老舗店「Katz's Deli（カッツ デリ）」の肉厚パストラミサンドも圧巻だ。

　観光客に加えて、近隣で働くビジネスピープルの利用も多い。人混みを避けたければ平日の午後2時以降か週末の午前11時前が狙い目。人気スーパーチェーンの「Trader Joe's（トレーダー ジョーズ）」（P.74参照）も隣接しているので、食後はおみやげ探しに行ってみては？

445 Albee Square W.
☎ (929) 359-6555
www.dekalbmarkethall.com
7:00〜22:00　無休
MAP[P.15 / A-3]

🚇 地下鉄2・3線Hoyt St駅から、またはB・Q・R線Dekalb Av駅から徒歩3分

（左）Café D'AvignonのGoat Cheese Croissant（$5.5）。（右）フードホールは、エスカレーターを降りた地下にある。

フードホールの様子。週末は閉店のベンダーが多いので訪れる際は平日がベター。

Industry City Food Hall
インダストリー・シティ・フードホール

`フードホール`

注目複合ビル内の
フードホール

　複合ビル、インダストリー・シティ（P.78）のBLDG2の1階にあるフードホール。基本的にこのビルで働く人たちのためにオープンしたランチスポットのため、夕方に閉店する店が多い。人気ハンバーガー店「Burger Joint」ほか、ピザ、タコス、タイ料理など世界中のフードが15〜20店舗ほど。なかでも私のイチオシは、ベルリン発のケバブ（中東料理）店「Kotti」。ニューヨークのストリートフード、チキンオーバーライスを彷彿とさせ、香ばしさとスパイスが病みつきになるおいしさだ。

　さらにBLDG4の1,858㎡のスペースに、市内初＆唯一の日本のフードホール「Japan Village」も2018年春にオープン予定。インダストリー・シティが新たなブルックリンの食文化を牽引していくことになる。

Kottiのローストチキン、フェタチーズ、野菜入りRice Bowl（$14）。おいしい！

（左）36 St.のこの看板がフードホールの入り口の目印。（右）フードホールには大きなテーブルがいくつもあるので、ゆっくり食事できる。

274 36th St.
☎ (718) 965-6450
www.industrycity.com
◎店によって異なる（Kottiは11:00〜16:00）／夜間や週末は休みの店が多い

MAP[P.16 / A-2]

🚇 地下鉄D・N・R線36 St駅から徒歩6分

入り口前はBar Grangerのバーカウンターがあり、その左右のスペースにテーブルが置かれている。

Gotham Market at The Ashland

ゴッサム・マーケット・アット・ジ・アッシュランド

`フードホール`

ラグジュアリーな ビルのフードホール

　アッシュランドとは、フォートグリーンに2016年完成した豪華な賃貸アパートメントのこと。ジェントリフィケーション(P.166参照)を見事に体現したかのような53階建て高層ビルだ。この1階は外から見ると大型ブラッスリーのような印象だが、実は石窯ピザのApizza Regionale、タパス料理のBoqueria、フライドチキンのFlip Bird、アジアンヌードルのHey Hey Canteen、バーのBar Granger(昼間もアルコールをオーダーできる)の5ベンダーが集まるフードホール。

　Boqueriaのみ昼間は、ニューヨークで話題のレストランスペースを利用したコワーキングスペース(Spacious)になっており、会員が仕事をしている姿を見られる。

1 Apizza Regionaleのピザは7種類。$14〜。©Heather Duval
2 Boqueriaの生ハムやチーズの盛り合わせTabla de Embutidos ($19)。©Heather Duval **3** Flip Birdのチキン丼のようなChicken Chop Bowl ($11)。©Heather Duval

590 Fulton St.
Apizza Regionale ☎ (718) 624-7706
Boqueria ☎ (718) 237-9000
Flip Bird ☎ (718) 624-7703
Hey Hey Canteen ☎ (929) 337-1770
www.gothammarketashland.com
11:30〜深夜(ベンダーによって営業時間が異なる。ウェブサイトで確認のこと)/ 無休
MAP [P.15 / A-3]

🚇 地下鉄2・3・4・5線Nevins St駅から4分

Green Space in Brooklyn

ブルックリンのグリーン事情

1 ブルックリンではフードトラックならぬ「観葉植物トラック」も見かける！Tula（www.tula.house）2 市内にたくさんあるコミュニティガーデン（写真はフォートグリーンに）3 ウィリアムズバーグにある市民の憩いの公園、マッカレン・パーク 4 Brooklyn Grangeは、ネイビーヤードのビル（BLDG.92）の上。©Anastasia Cole Plakias, Brooklyn Grange Rooftop Farm

昔から愛されている市民農園

自然に恵まれエコへの関心が高いブルックリン。春は桜などの花々が咲き乱れ秋は紅葉一色になり、年間を通して散歩が楽しいボタニックガーデン*やプロスペクトパークに代表されるように、都市のなかに自然がうまく溶け込んでいる。

市民農園もさかんで、ニューヨーク市が管理しているコミュニティガーデン、GreenThumb（申し込めば誰でも気軽に農園作業に参加できる）の市内500か所のうち、ブルックリンに229か所ある。ファーマーズマーケットのGrowNYC（P.135）が手がけるコミュニティガーデンも市内約100か所のうちブルックリンに36か所。さらにレッドフックにあるAdded Value Farmsは、1万㎡を超える規模の広さで運営している非営利の独立系農園だ。いずれも、大人のための農園活動用だけでなく、子どもの社会見学など教育の一貫としても利用されている。

また、ウィリアムズバーグにあるNorth Brooklyn Farmsは、イースト・リバー沿いにあった歴史的なドミノシュガー精製工場の跡地を利用してつくられた。エリア再開発までの期限つきだが、春から秋にかけて、火曜から日曜までの11:00〜20:00までオープンし、オクラやズッキーニ、ナスなど採れたての新鮮な野菜を購入できる。イベントなどでスケジュールは変わりやすいので、事前に情報をチェックしよう。

屋上スペースを利用した農園

ネイビーヤード地区にあるBrooklyn Grangeは、11階の屋上に約6,000㎡の広さを誇る世界最大規模の屋上農園がある。ここでトマトやキュウリ、ハ

ーブなど約50種類前後のオーガニック野菜が年間2万3,000kg以上収穫され、ハチミツや卵もここで採れる。収穫物の4分の3は地元のレストランや小規模グロッサリーに卸し(店はウェブサイトに掲載)、残りは2か所のファーマーズマーケットと、CSA**メンバー向けに販売されている。5～10月の毎週水曜、見学ツアー($10)も開催されており、海外からも研修などでグループが訪れている(私が参加した際にはロシアのグループが一緒だった)。なお、グリーンポイントにも、Eagle Street Rooftop Farm(イーグルストリート・ルーフトップ・ファーム)という屋上農園がある。

　屋上で温室を使った栽培も話題の一つ。Gotham-Greens(ゴッサム・グリーンズ)はアメリカ初となる商業用規模の屋上温室を、創業から2年後の2011年にブルックリンに設置した。現在、ゴワヌスにあるオーガニック系スーパーWhole Foods Marketの屋上やグリーンポイントのビルの屋上で、トマトやハーブなど年間4万5,000kg以上を栽培している。ここで採れた野菜は、ブルックリンのみならずニューヨーク市内のスーパーで購入可(パッケージにGotham Greensのロゴが入っている)。

Added Value Farms
www.added-value.org/
MAP [P.14 / B-1]

Brooklyn Grange
www.brooklyngrangefarm.com
MAP [P.15 / A-3]

Eagle Street Rooftop Farm
www.rooftopfarms.org
MAP [P.13 / A-1]

Gotham Greens
www.gothamgreens.com
MAP [P.13 / B-2]

North Brooklyn Farms
www.northbrooklynfarms.com
MAP [P.11 / B-1]

Edenworks
www.edenworks.com
MAP [P.12 / B-1]

Aero Farms
www.aerofarms.com

さまざまな試みがされる農園

　ほかにも、ティラピアという魚を一緒に飼い、その糞を野菜の肥料に使っているスタートアップのEdenworks(エデンワークス)や、太陽光も土も使わず、室内でLEDライトや最新のテクノロジーの力で野菜を育てるAero Farms(アエロ・ファームズ)(ブルックリンではなくニュージャージー州)など、さまざまな試みがされている。スペースが限られている土地で天候に左右されることなく大量の野菜を栽培し、サスティナブルな社会の救世主となるのか、人々の注目が集まっている。

*ボタニックガーデンのビジターセンターは屋根に植栽されていて、夏は涼しく冬は暖かいというエコな環境を目指して作られている。

**日本でスタートした農業システム。産地直送とコンセプトは似ているが、CSAは植え付け前に購入者が1年分を前払いする。その年が豊作なら消費者の受取り分は増え、不作なら消費者の受取り分は減る。つまり消費者が生産者の追うべきリスクを共有することにより、生産者は安心して農作業に専念できる。

Green Space in Brooklyn | 141

Vintage & Antique

古きよきものに価値を見出す暮らし

　100年前に建てられた建物を保存し、アパートや店にリノベートしたり、おばあちゃんから受け継いだアンティーク家具を今でも愛用していたり、20年代のジャズエイジのダンスイベントに参加したり、60〜80年代ファッションを今でもおしゃれとして楽しんだり…。ニューヨーク、とりわけブルックリンの人々は、古きよきものを大切に残し、うまく現代の生活に取り入れている。

　古着屋も多く、オールドアメリカンなものはもちろん、ヨーロッパから仕入れた選りすぐりのヴィンテージやアンティーク、ブランド古着、未使用品など、いろいろな衣類やファッション小物などのアイテムが売られている。なかには、不要な古着を購入分に充てられるストアクレジット制*を導入している店やコンサインメント（委託販売）店、スリフトストア**などもあり、形態はさまざま。散策しながら、自分だけの『one of a kind（1点モノ）』を見つけてほしい。

*不要な古着や未使用品を売って、新たな購入分に充てられるシステム。「その店だけで使える紙幣チケット」のようなもの。
**古着などを寄付によって集め再販し、その収益を慈善活動や寄付に充てる形態の店。

142 | Brooklyn Culture

Beacon's Closet
ビーコンズ・クローゼット

古着屋

■1 色分けやカテゴリー分けされているので、アイテムが探しやすい。■2 アパレル、靴、バッグなど、なんでもそろう。■3 毎日300〜1,000ものニューアイテムが加わる。すべて©Carly Rabalais

掘り出しモノがきっと見つかる

　1997年に以前の場所ウィリアムズバーグにオープンして以来、地元の若者に愛されてきた古着店。約511㎡の広さを持つ現在のグリーンポイント店には、約2万5,000アイテムが並ぶ。同店の魅力は自分の不要なアイテムとトレードできること（ストアクレジットという同店で使える金券か現金に交換してもらう）。毎日大量の商品が入荷されるため、いつ行ってもかわいいアイテムに出合える。

　古着と言っても、バイヤーによって厳選された上質なものばかりで、ファッション関係者から入手した新品も多い。Diane Von Furstenberg、Catherine Malandrino、Anna Sui、ＤＫＮＹなどの人気ブランドでも$20〜30前後という驚きの価格。無名ブランドのものもハイセンスなものばかり。売り場に鏡は少ないので、チェックは試着室で。スタッフに試着数を伝え、ふだ（カード）をもらって入ろう。

74 Guernsey St.（グリーンポイント店）
☎ (718) 486-0816
http://www.beaconscloset.com
11:00〜20:00 / 無休
MAP[P.13 / B-2]
地下鉄G線Nassau Av駅から徒歩3分
◎パークスロープ店、ブッシュウィック店、マンハッタン支店あり

Amarcord Vintage
アマコード・ヴィンテージ

`古着屋`

ヨーロッパから
質のよいヴィンテージ

　ウィリアムズバーグの目抜き通り、Bedford Ave.に昔からある人気のヴィンテージストア。質のよいヴィンテージのみを扱っており、ここを訪れるバイヤーも多い。商品の多くはイタリア、フランス、アイスランドなどヨーロッパから買いつけたもの。一部アメリカや日本からも仕入れている。別の場所にショールーム（22 Conselyea St.）もある（要予約）。

（上）店内は白で統一したクリーンでかわいい雰囲気。$200〜300以内の商品も多い。（下）ショーウィンドウには入荷したばかりの商品が陳列される。

223 Bedford Ave.（ウィリアムバーグ店）
☎ (718) 963-4001
www.amarcordvintagefashion.com
12:00〜20:00 / 無休
MAP [P.11 / B-1]

🚇 地下鉄L線Bedford Av駅から徒歩3分

Buffalo Exchange
バッファロー・イクスチェンジ

`古着屋`

安くてかわいい古着の宝庫

　全米20州に49店舗を展開する大手の古着チェーン店。ニューヨーク市内には5か所あり、ブルックリンはこのウィリアムズバーグ店とボーラムヒル店にある。Tシャツ、ジーンズ、ジャケット、シューズ、帽子、バッグなどを、$10前後〜というお手頃価格で販売。店内にびっしりと並べられた商品は、商品数とバリエーションが豊富。自分の不要な洋服とトレードできるとあり、大きな紙袋を抱えて売りに来る顧客をよく見かける。日よけの帽子や防寒用の羽織りものなど、旅先で急に必要となったアイテムを調達するのにも便利。

古着好きは「Buffalo Exchange」と、隣の「Monk Vintage」はマスト！

（上）質のよいアイテムが$10前後〜と、リーズナブルな価格が魅力。（下）ゴージャスなワンピースなどに似合いそうな大振りのネックレス（$12）。

504 Driggs Ave.（ウィリアムズバーグ店）
☎ (718) 384-6901
www.buffaloexchange.com
11:00〜20:00（日曜12:00〜19:00）/ 無休
MAP [P.11 / A-2]

🚇 地下鉄L線Bedford Av駅から徒歩3分
◎ ボーラムヒル店もあり

以前GAP Japanで働いていたレキシィは日本が大好き。

Antoinette Brooklyn
アントワネット・ブルックリン

古着屋

セレブも買いに来る
ヴィンテージ店

　オーナーのレキシィが自身の審美眼で世界中から選んだ、質のよいヴィンテージ品に出合える店。「ヴィンテージの定義は最低20年」というレキシィの言葉どおり、この店では主に1940年代から90年代半ばの、1点モノの商品が並ぶ。価格帯はよほどのハイブランドでない限り$100以内と、とてもリーズナブル。なかにはたったの$1の商品もある。

　その噂は国境を越え、世界中のファッショニスタに広がっている。Mara HoffmanやJason Wuなど有名デザイナーやセレブの常連客も多いとのこと。「日本からはローラ、米倉涼子、大島美幸、舟山久美子さんといった著名人もお買い物に来てくれたのよ」とレキシィ。

　一部、メンズヴィンテージの商品や、北米のインディペンデントデザイナーによる新品も取り扱う。

119 Grand St.
☎ (718) 387-8664
www.antoinettebrooklyn.com
12:00〜19:00(日曜18:00) / 月曜休
MAP[P.11 / B-1]
🚇 地下鉄L線Bedford Av駅から徒歩8分

(上)世界に一つしかない貴重なヴィンテージのため、商品の入れ替えは毎日。(左)50年以上も前の質の良いアイテムも見つかる。(右)バッグやシューズのほかジュエリーなども取り扱っている。

罪深い甘さに溺れそうなドーナツ

アメリカでは、毎年6月の第一金曜日（一部では11月も）をNational Doughnut Day（国民のドーナツの日）と定め、その日は無料でドーナツを提供する店もあるくらい、ドーナツは国民食。アメリカ人にとってのギルティー・プレジャー・フード*（Guilty Pleasure Food）を代表するスイーツでもある。とくにここ数年、ニューヨーク市内ではドーナツが一つのトレンドのようで、ドーナツ店が次々にオープンしている。オシャレ系のグルメドーナツから昔ながらのタイプまでさまざまなものがそろうが、どこも少量生産で新鮮さが売り。新旧入りまじるドーナツ事情、それはまるでブルックリンの街そのものだ。

*罪深い食べ物。食べると罪の意識がある、いけないとわかっていながらもよろこびを与えてくれる食べ物。

外側はカリッと、中はフワッとしたMaple Cinnamon Donut ($1.10)。

Donut,

Peter Pan Donut & Pastry Shop
ピーターパン・ドーナツ＆ペイストリーショップ

オーソドックスなドーナツならここ！日本で言う「昭和のかほり」漂うグリーンポイントの老舗店で、これぞアメリカンドーナツの王道。地元の常連客が集うレトロな雰囲気と、$1台という驚きの安さが特徴。

727 Manhattan Ave.
www.peterpandonuts.com
4:30（土曜5:00）〜20:00、日曜5:30〜19:00／無休
MAP [P.13 / B-2]

Dough Doughnuts
ドウ・ドーナツ

手のひらサイズ大でとにかく大きい！やわらかい！甘い！オシャレ！の4拍子そろったドーナツ店。ニューヨークのドーナツブームを先取りし、2010年に開拓の進むベッドフォード・スタイベサントにオープン。現在はマンハッタンにも支店あり。

448 Lafayette Ave.
www.doughdoughnuts.com
6:00〜21:00／国民の休日
MAP [P.15 / A-4]

Doughnut,

一番人気の液体キャラメルとアーモンドスライスがかかった、Dulce De Leche-Almonds ($2.75)。

（左）新商品がどんどん生まれるキッチンの様子を窓越しに見ることができる。
（右）全10種類前後のドーナツが並ぶ。

Donut, Doughnut, Donut!

Donut!

Doughnut Plant
ドーナツ・プラント

インテリアもドーナツも両方かわいい店。すべてナチュラル素材なのが売り。約29種類のなかで私のお気に入りはRed Velvet Cake とCrème Brûlée。期間限定メニューも多い。2004年より東京にも進出。

245 Flatbush Ave.
www.doughnutplant.com
6:30～22:00(金土曜～23:00)／無休
MAP[P.15 / B-3]

レッドベルベットケーキにクリームチーズ味のフロスティングがかかったRed Velvet Cake ($3.65)。

甘酸っぱくて柔らかいBlueberry Lemon Pie ($2.75)。

Dun-Well Doughnuts
ダン・ウェル・ドーナツ

クラシカルな音楽が流れるソーダ・ファウンテン(P.91参照)のような店内で提供する、オシャレで小ぶりなヴィーガンドーナツ。常時約20種類を提供しており、写真のドーナツに加えて Peanuts Butter Jerryも人気。

222 Montrose Ave.
www.dunwelldoughnuts.com
7:00(土日曜8:00～)19:00／無休
MAP[P.12 / B-1]

粉砂糖がたっぷりかかったCream Crumb ($1.10)。

Moe's Doughs Donut Shop
モーズ・ドウズ・ドーナツショップ

地元の人に愛され続けるクラシカルな味を提供する店。ピーターパン同様1個$1.10というお値段。ドーナツにベーコンがたっぷりかかったMaple Baconなるドーナツも人気。

126 Nassau Ave.
facebook.com/MoesDoughs
6:00(土曜7:00～)～21:00／無休
MAP[P.13 / B-2]

兄弟で蒸溜所をはじめたグリーンフック・ジンスミズ（P.156）。

Made in Brooklyn

一杯一杯につくり手の温度が伝わる

　近年、ニューヨークなど大都市圏では、より質の高い安全なフードやドリンクへの関心が高まっており、それに応えたいという意識が生産者側にも見られるようになっている。なかでもハンドクラフトにこだわる職人が多いブルックリンでは、フードやドリンクなどここで生産されたものを「Made in Brooklyn（ブルックリン産）」と声高に謳う。それは、ていねいに少量生産された手づくりの証だ。

　大流行のクラフトビールも例外ではない。ひと昔前までは大手ビール会社が主流だったが、ここ10年ほど地元で生産されたビールが一気に浸透。ビールの種類もブルワリー数も5年ほどで急増。マイクロブルワリーの数はブルックリンに2011〜12年ごろまで5〜6軒ほどしかなかったが、2017年には20軒ほどに増えており、今後も増え続けていくだろう。

　さらに、クラフトブームはワイン、ウイスキー、ウォッカ、ジン、そして日本酒にまで広がりをみせている。これら醸造所では試飲ルームはもちろん、一般向けにツアーをしているところも多い。参加すればお酒づくりのプロセスを学べるだけでなく、彼らつくり手の熱い思いが身近に感じられるはずだ。

ニューヨーク州産の原材料にこだわるストロング・ロープ・ブルワリー（P.150）。

(上)いろいろなクラフトビールを広いスペースで楽しめるのもブルックリンならでは。ゴワヌスのスリーヌ・ブルーイングにて。(下)誇りを持って自分の味を追求する職人たちが多い。レッドフック・ワイナリー(P.153)にて。

Brooklyn Culture | 149

IPAやスタウトなど、常時10種類前後のビールが楽しめる（1杯$6〜）。

Strong Rope Brewery
ストロング・ロープ・ブルワリー

`ブルワリー`

NY産にこだわるマイクロブルワリー

「This guy is ...」（この男は…）。ビールを愛するジェイソンは自分がつくったものを一つひとつ、このように愛情を込めて説明する。ビールは彼にとってまさに息子やバディ（相棒）だ。

彼がビールをつくりはじめたのは2003年。最初は箱入りキットを購入し、本で学びながら自宅でスタート。最初のビールの味は「全然悪くない」「もっとつくりたい」。ここから彼の第2の人生がはじまる。12年後の2015年12月、念願叶ってこのブルワリーをオープンした。これまでつくってきたのはエ

その日提供されるビールの種類と説明が書かれているタップルームの黒板。

おしゃれで広々としたタップルーム。料理はないが他店で購入したものを持っていってもよい。

ビールのできるまで

1 ニューヨーク州産のモルト（麦芽）。

2 まずモルトを粉砕する。

オーナーのジェイソン。ニューヨーク州のクラフトビールコンペティションで受賞もしている。

3 マッシング（糖化）した後の麦汁に、芳醇な味と香りを添えるホップスを添加する。

4 麦芽の糖化した後の麦汁を煮沸する。

5 煮沸後は発酵槽で10～15日間発酵する。

6 出荷するまでは、約4.4℃に保たれた貯蔵室で低温貯蔵される。

ールビールを中心に、オリジナルレシピの数は120にも及ぶ。

　店のドアを開けるとビール好きにはたまらないモルトの香りが漂い、手前におしゃれなタップルームが広がっている。ドアや壁など仕切りはなく奥半分は醸造所。約204㎡の醸造スペースは発酵槽や貯蔵室などで埋め尽くされ、手狭に感じるほどだ。まさにマイクロブルワリーと呼ぶにふさわしいこのスペース。モルト（麦芽）などの原材料はニューヨーク州産にこだわっており、味はまろやか、フルーティ、ビターとさまざまで、季節ごとの新作もある。私が一番飲みやすくて好きなのは、ペールエールのBackroad Odysseys（1杯$6～）。タップルームにはバーもありそこで飲めるが、試飲つきのブルワリー見学ツアー（$5）も毎週土曜日の午後2時から開催されている。ツアーではビールづくりの工程のみならず、ジェイソンのビール愛を感じてみて。

574A President St.
☎(929)337-8699
http://www.strongropebrewery.com
タップルーム/15:00～23:00（金曜24:00）、土曜12:00～24:00、日曜12:00～20:00 / 月火曜休
MAP[P.15 / B-3]

🚇 地下鉄R線Union St駅から徒歩2分

レンガ造りの建物に緑のドア枠が目印。

ニューヨーク市内の一部のレストランや酒屋でも流通している。

Other Half Brewing

アザー・ハーフ・ブルーイング

ブルワリー

行列ができるブルワリー

　サム、マット、アンドリューの3人がキャロルガーデンズの倉庫跡地に2014年創業したブルワリー。ニューヨークをはじめ世界中のブルワリーとコラボレートし、新しいビールをつくり続けている。毎週土曜日の朝10時に新作が発表されるのだが、その時は長蛇の列ができるほどの人気。試飲ができるタップルームでは、IPA、スタウトなどできたてのビールが各種そろっている。

195 Centre St.
☎(917) 765-6107
www.otherhalfbrewing.com
タップルーム/15:00〜22:00、木金曜12:00〜24:00、土曜10:00〜24:00、日曜11:00〜22:00 / 無休
MAP[P.14 / B-2]
🚇地下鉄F・G線Smith-9 St駅から徒歩4分

週末は午前中にオープンするタップルーム。

（左）常時20種類以上のビールが楽しめる。（右）市販されている缶のデザインがかわいい。

すべて©Matt Coats

Brooklyn Winery

ブルックリン・ワイナリー

ワイナリー

ブルックリンの中心地にあるワイナリー&バー

　元IT業界出身のブライアンとジョンが2010年にウィリアムズバーグにオープンした都市型ワイナリー。ワイン職人のコノアが少量生産しているワインを提供している。ブドウの70%はニューヨーク州（フィンガーレイクスやロングアイランド）産で残り30%はカリフォルニア州産。グラスワインはハッピーアワー（平日17〜20時）中なら1杯$7〜、ボトル750ml入りで1本$19〜。試飲ができるワインバーはクラウンハイツにもあり。

213 N. 8th St.（ウィリアムズバーグ店）
☎(347) 763-1506
www.bkwinery.com
ワインバー/17:00〜23:00（パーティーやイベントなどにより変更。ウェブサイトで要確認）
◎水曜にテイスティングつきのワイナリーツアーあり($25)
MAP[P.11 / A-2]
🚇地下鉄L線Bedford Av駅から徒歩2分
◎クラウンハイツ店（ワインバー）あり

かわいい田舎風の雰囲気のワインバー。ビールや季節替わりのフードもオーダー可。

赤8種、白6種のほかスパークリングやデザートワインなども。1本$19〜。

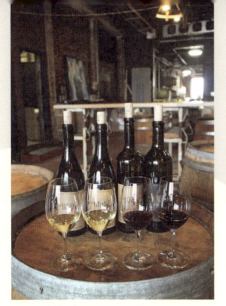

テイスティング（$15）の4種はスタッフが選んでくれる。

The Red Hook Winery
ザ・レッドフック・ワイナリー

ワイナリー

ウォーターフロントにあるワイナリー

　ビリー・ジョエルの長年の音響技術担当として、今もライヴ会場で働くオーナーのマーク。ライヴツアーでヨーロッパなどをまわっていた際、数々のワイナリーを訪れワインのすばらしさに開眼。まったくの素人だったが、ブルックリンでもできると2008年にはじめた初の都市型ワイナリー。最初は100ケースほどの小規模生産からスタート。「本職はワインのディストリビューター。ここはあくまでも趣味」と言うマーク。趣味にしてはかなり本格的だ。

　3人のワイン職人が、ニューヨーク州のノースフォークとフィンガーレイクでブドウを生産。9～11月の収穫期に訪れると、ブドウが樽のなかでポコポコと音をさせながら発酵中だった。テイスティングルームは毎日オープン。ワイナリーツアーもある（要予約）。アクセスはフェリー、水上タクシー、バスが便利。

❶ワイナリーの手前のテイスティングルームには、樽がいっぱい！ ❷ビリー・ジョエルとともに日本でのツアー中、阪神大震災も体験したマーク。❸ワイン職人が発酵を確認。ポコポコと音がし、ブドウが生きていることを実感。❸レッドフックの倉庫跡を利用している。

175 -204 Van Dyke St., 325 A (Pier 41)
☎ (347)689-2432
www.redhookwinery.com
12:00～18:00 / 無休
◎テイスティングは1人4種類$15
◎土日曜13:00～ツアーあり（約15分、テイスティング客は無料）。大樽から直接のテイスティングつきの本格的ツアーは$35（要予約）
MAP [P.14 / B-1]
🚌バスB61線Van Brunt St/Coffey St乗り場から徒歩5分
⛴フェリーRed Hook/Atlantic Basin乗り場から徒歩8分

Brooklyn Culture

ラベル貼りも1枚1枚手作業だ。©Craig LaCourt

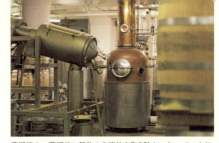
蒸溜機や、蒸溜後に穀物から液体を取り除くセパレーターなど。©John Peabody

Van Brunt Stillhouse
ヴァン・ブラント・スティルハウス

`ウイスキー蒸溜所`

クラシックタイプのウイスキー

　伝統的な蒸溜方法でつくられている、ブルックリン産のウイスキーが楽しめる蒸溜所。ここでは、ニューヨーク州北部（アップステート・ニューヨーク）の契約農家で採れた大麦、小麦、ライ麦、トウモロコシなどを原材料に、アメリカン、シングルモルト、バーボン、ライの主に4種類のウイスキーを少量ずつ生産している。どれもウイスキー本来のしっかりした味と香ばしさが特徴だ。とくにライウイスキーは2016年に彼らが実験的につくったレシピから誕生した限定生産品なので、希少価値が高い。常に在庫があるとは限らないので、見つけたら即ゲットすべし。

　ブルックリンのワイナリーと組んで、ラム酒やグラッパ（ブランデーの一種）を完成させるなど、彼らのチャレンジは続いている。週末は蒸溜所の見学ツアーも行なっているので、時間があれば参加してみよう（要予約）。

テイスティングルームで販売しているボトルは、375ml入りで$36〜。©John Peabody

6 Bay St., 1st Fl.
☎ (718)852-6405
www.vanbruntstillhouse.com
テイスティングルーム／木金曜16:00〜21:00、土曜14:00〜21:00、日曜14:00〜18:00／無休
MAP[P.14 / B-1]

🚌 バスB57・B61線Dwight St/Dikeman St乗り場から徒歩2分
🚇 地下鉄F・G線Smith-9th St.駅から徒歩18分

テイスティングルームにて（1杯$10）。©John Peabody

Industry City Distillery

インダストリー・シティ・ディスティレリー

ウォッカ蒸溜所

てんさい糖からつくられたウォッカ

　ニューヨーク市内で唯一のウォッカの蒸溜所。インダストリー・シティ（P.78）のビル内にあり、まるで化学の実験室のよう。ここでは2010年にオーナーのロナックがつくりはじめたIndustry Standardという銘柄のウォッカが味わえる。

　通常ウォッカは大麦、小麦、ライ麦、ジャガイモなどを原材料としてつくられるが、Industry Standardはビートシュガー（てんさい糖）を使用。クリアですっきりした口当たりが特徴で、このウォッカやロゼワイン、スイカ、ウーロン茶の葉などを使用したGlassroxオリジナルカクテル（$12）は、甘めで女性でも飲みやすい。ウォッカに精通したバーテンダーがいるので、好みをリクエストすれば基本的に何でもつくってくれる。

1 オーナーのロナック。**2** 土曜開催のツアーでは、製造工程を見学できる。**3** Glassrox によるカクテルの中央に浮かんでいるのはウーロン茶の葉！ **4** シリアル番号つきのIndustry Standard（一般のリカーストアにて販売）。**5** 同じ敷地内の「Wartega（ウォテガ）ブルワリー」のビールの試飲もできる。

33 35th St., #6A（35th St. ビルの6階）
☎ (718) 305-6951
www.industrycitydistillery.com
テイスティングルーム／金土曜16:00〜22:00／日〜木曜休
◎製造工程を見学できるツアーは毎週土曜15時〜（$5、要予約）
MAP[P.16 / A-2]

🚇 地下鉄D・N・R線36th St駅から徒歩6分

◎1階に案内板があるが、少しわかりにくいので、迷ったらビル近辺の人に聞いてみて

Brooklyn Culture

Greenhook Ginsmiths
グリーンフック・ジンスミスズ

ジン蒸溜所

伝統とモダンがミックスしたジン

　ジュニパー・ベリー上に流して香りづけされた蒸溜酒のジン。「これは、伝統的な製法と独自のモダンな製法を取り入れ革新的技術により生まれたアメリカのジンだ」とオーナーのスティーブンが胸を張る。ジンづくりを本で学び、兄のフィリップと2012年この蒸溜所をスタートした。ジン蒸溜所は州内にほかにもあるが、「ジンに特化しているのはうちだけ」と言う。減圧蒸溜というユニークなプロセスを採用し、ていねいに生産される全3種類ジンは、ジュニパーのアロマの香りとフレッシュでフルーティなシトラスの香りが見事に融合している。

　蒸溜所ツアーではジン・トニックなどのカクテルも試飲できる。市内1000か所のバーなどで飲めるほか、200か所のリカーストアでも販売されている。

208 Dupont St.
☎ (646) 339-3719
www.greenhookgin.com
◎蒸溜所ツアー/不定期土曜14:30〜15:30 ($20、要予約)
MAP[P.13 / A-2]
🚇地下鉄G線Greenpoint Av駅から徒歩10分

1 カスタムメイドの300Lのクーパーポットスティル(銅鍋)で蒸溜を行う。**2** 左からOld Tom ($46)、American Dry ($35)、Beach Plum ($50)。**3** 左が香りづけのためのジュニパー・ベリー。**4** オーナーのスティーブン。

Brooklyn Kura
ブルックリン・クラ

酒蔵

日本酒もブルックリン生まれの時代

　アメリカ人による寿司やラーメンがめずらしくない時代だが、なんと次は酒蔵まで登場！　金融業界で働いていたブライアンと生化学者のブランドンは2013年、友人の結婚式に参列のために日本を訪れ出会って意気投合。訪れた酒蔵で日本酒のおいしさに目覚め、その後実地訓練を受け、ブルックリンにニューヨーク初の本格的な酒蔵をつくった。

　カリフォルニア州産とアーカンソー州産の米、酒母、麹、そしてブルックリンの水を使って、主に純米吟醸酒、生貯蔵、にごり酒など、年間300石を生産。「この味がブルックリンで実現できるとは！」と驚くほどのおいしさだ。

　できたてを冷やや常温で飲むのもいいが、しばらく寝かせて熟成させるのもよさそう。タップルームでは試飲もでき、酒や日本の蔵元を紹介する啓蒙イベントも不定期で行っている。

68 34th St., 1st Fl.
☎(347) 766-1601
www.brooklynkura.com
MAP［P.16 / A-2］
🚇地下鉄D・N・R線36 St駅から徒歩6分

1 醪（もろみ）タンクの前で、ブライアンとブランドン。**2** タップルームは全面窓になっており、明るい雰囲気。**3** インダストリー・シティの34th St.のビルの1階。中庭に面した青い扉が目印。**4** モダンでシンプルなデザインのボトルラベル。

Brooklyn Culture | 157

My favorite things about Brooklyn.
ブルックリンを語る人々 ③

この街の人間くささが心地いい
――ジャズミュージシャン

大江 千里（おおえ せんり）
シンガーソングライターとして1983年に日本でデビューし、数々のヒット曲を発表。2008年に渡米し、ジャズミュージシャンに。自身のレーベル「PND Records & Music Publishing」をニューヨークで設立し、全米デビューを果たす。ブルックリン在住。
www.peaceneverdie.com
note.mu/senrigarden

僕は2008年から、ジャズミュージシャンとして活動している。今住んでいるのはブルックリン。僕がここを住む場所として選んだのは、この街の人間くさい部分が好きだから。

古い倉庫跡をおしゃれなレストランやイベントスペースに変える人たち。かつてはギャング同士の抗争などで死体が浮いていた時代もあるとかないとか、何かと悪名高かった通称"ドブ川"のゴワヌス運河を再生させるために、プロジェクトを立ち上げて活動する若者たち。農業に適した肥沃な土地があるわけでもないのに、ローカルで野菜を育てる農園計画を生み出し、屋上庭園Brooklyn Grange（P.140）という形で実現させてしまった人たち…。さまざまな人が知恵を振り絞って自分たちの街をよくしようと努力する、そんな熱い地元愛がここにはある。

下町のようなほっこりとしたあたたかさも守られているけど、あらゆる分野において才能豊かな人々と繋がることができ、とても刺激的。どんな奇抜なアイデアでも笑われない。型にはまらない奔放さを受け入れる自由があり、住んでいてとても心地がいい。

ニューヨークのなかでもブルックリンは、生活全般において特に「地産地消」「サステイナブル」「環境保護」「オーガニック」思想の強い場所だと思う。ニューヨークを訪れることがあれば、この伸びしろのあるブルックリンという街をぜひ体験してほしい。

千里さんのお気に入り　Senri's Favorite

ブルックリンで僕がおすすめの店はたくさんあるけど、そのなかでもとっておきのイタリアンを2店紹介。一つはゴワヌスにある「La Bella Vita」。ここのパスタやリゾットは何でもおいしい。シチリアのおばちゃんが切り盛りしていて、地元の人が集う雰囲気も気に入っている。

もう一つは、パークスロープの「Al Di La Trattoria」。ここは友人の家から帰るときにたまたま見つけた店。ここのトリッパ（牛のモツ料理）とイカスミパスタは絶品。ぜひ試してみて。

INFO
Al Di La Trattoria（アル・ディ・ラ・トラットリア）
www.aldilatrattoria.com　MAP［P.15 / B-3］
La Bella Vita（ラ・ベラ・ヴィタ）
www.lbvpny.com　MAP［P.14 / C-2］

再生されて以前よりきれいになったゴワヌス運河にて。

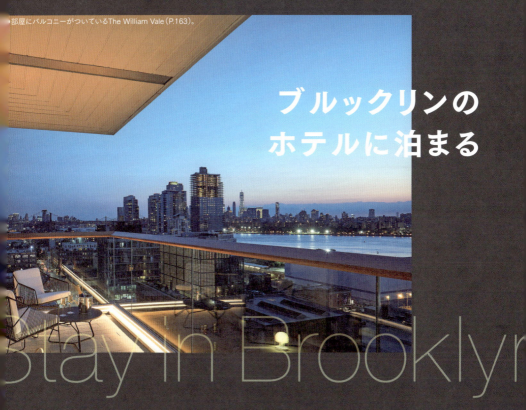

部屋にバルコニーがついているThe William Vale（P.163）。

ブルックリンの
ホテルに泊まる

Stay in Brooklyn

　ブルックリンにあるホテルの特徴は、おしゃれでスタイリッシュな建築＆インテリア、ダイナミックな景観、観光や買い物に至便…など。ウィリアムズバーグやダンボなど、ウォーターフロントにあるラグジュアリーなブティックホテルの宿泊費はマンハッタンの一等地並みで決して安くはないが、デザイナーやクリエイターらが好んで宿泊し、年間を通して満室状態が続くなど大変人気だ。ホテル内のルーフトップバーやプールバー、レストランでは感度の高いニューヨーカーが夜な夜な集まるので、宿泊せずともその活気や刺激的な空気を楽しめる。ルーフトップや部屋からはイースト・リバーとマンハッタンのすばらしい景色を望め、とくに夜景は息を呑むほどの美しさ。マンハッタンの中心地とはまた違った感動が待っている。これらの人気エリアは多少の騒々しさは避けられないが、その活気も含めてブルックリンを楽しもう。

　もう少し落ち着いて滞在したい、夜遊びはあまり関心がないという場合は、近隣エリアのホテルもおすすめ。オフィス街ダウンタウンブルックリンにも、ヒルトンやマリオットなどの大手から、ビジネスタイプまでさまざまなホテルがある。また、低予算で泊まりたい場合は、個人経営の民宿や隣の区クイーンズのホテルなどを利用するのも手。清潔感があってリーズナブル、おまけにブルックリンまで地下鉄で移動できる便利な穴場。予算や滞在の目的に応じてホテルを選んでみよう。

　本書では、「今のブルックリン」を100%感じられる評判のよいブティックホテルに的を絞ってみた。ホテル滞在を通して、この街に渦巻くブルックリンエナジーを肌で感じてみて。

◎宿泊料金は季節や部屋の配置によって大きく異なる
（同じ客室でもハイシーズンは倍になったりすることも）

1 Hotel Brooklyn Bridge
ワン・ホテル・ブルックリン・ブリッジ

廃材利用の環境にやさしいエコホテル

　フェリー乗り場からすぐの場所に位置する「1 Hotel Brooklyn Bridge」。2017年2月にオープンしてすぐ、『ニューヨークタイムズ』紙をはじめとするさまざまな主要メディアに「全米トップホテル」のニューヨーク代表として選ばれた。

　フレンドリーなホテルスタッフに迎えられてロビーに入ると、自然の木の香りが漂ってくる。このホテルは、エココンシャス・ホテル（環境に配慮したという意）としても知られており、グリーンを各所に配置していて目にも心地よい。館内のエネルギーは100％風力発電によるもの。さらに、チェックインカウンターに飾られたオブジェをはじめ、館内の建築資材の約半分は、過去のハリケーン災害で生まれた廃材を再利用しているそう。

　部屋の窓やルーフトップバーから眼下に広がるのは、ダンボの街並みやポストカードなどで見たこと

Stay in Brooklyn

1 11階の屋上プランジプールからイースト・リバーやマンハッタンのダウンタウンを望める。2 自由の女神も見える、スカイライン1・ベッドルーム・スイート（52㎡）。3 目の前にマンハッタンの景色が広がる、スカイライン2ベッド（30㎡）。4 1階のチェックインカウンター横にあるラウンジエリア。5 メタルと木を使ったモダンな外観。木の香りが漂う。

があるようなブルックリン・ブリッジをはじめとする息を呑むほど美しいウォーターフロントビュー。眼前に広がるマンハッタンの摩天楼の景色は、まさにゴージャスのひと言。

29のスイートルームを含む194の客室のほか、ミーティングスペース、レストランやカフェ、ラウンジ、スポーツジム、スパ、ルーフトップバー＆プール（冬季以外）などがある。

プールの利用は基本的にホテル滞在者のみだが、土・日曜の午後1時から6時まで一般開放している（要予約、21歳以上）。

60 Furman St.
☎ (347) 696-2500
www.1hotels.com
🛏 ダンボキング（キングベッド）$350〜（朝食は含まない）／全194室
MAP[P.12 / A-1]

🚇 地下鉄A・C線High St駅から徒歩10分
⛴ フェリーDUMBO乗り場から徒歩3分

Stay in Brooklyn | 161

ルーフトップバー、The Idesからはマンハッタンの景色が一望できる。©Matthew Williams

Wythe Hotel
ワイス・ホテル

ブルックリンブームの火付け役

　ウィリアムズバーグの発展の起点となった先駆的なホテル。現代ブルックリンカルチャーの生みの親、レストランターのアンドリュー・ターロウらがプロデュースし2012年に開業。このホテルが誕生したことで、周囲におしゃれな店が続々とオープンし、人々の流れが変わった。

　これぞ「ブルックリン建築」を象徴する建物は、約120年前に建てられた古い工場ビルを改造したインダストリアルな雰囲気が特徴。当時のレンガや骨組みが剥き出しの壁や天井、柱などがそのまま保存・リノベートされモダンに生まれ変わった。1階のレストラン「Reynard」や6階のルーフトップバー「The Ides」は、宿泊しなくてもぜひ利用してみて。

1 工場時代のパイン材の床がレストランReynardの天井に使われている。©Matthew Williams 2 大きさとおいしさでオーダーした人が必ず笑顔になる、レイナードのDutch Pancake。 3 隣のビルの壁画が見える角部屋、ヒストリック・コーナー・キングルーム。©Matthew Williams

80 Wythe Ave.
☎ (718) 460-8000
www.wythehotel.com
🛏 ブルックリン・クイーン(クイーンサイズベッド)$295〜
(朝食は含まない)／全70室
MAP[P.11 / A-1]
🚇 地下鉄L線Bedford Av駅から徒歩8分

1 ルーフトップバー、ウェストライト。夏場は壁が開きオープンエアになる。©Noah Fecks 2 ダブルベッドが二つある、ダブルダブル・ウィズ・バルコニーの部屋。3 再開発ビルを手がける地元のAlbo Liberis社による都会的なデザイン。4 敷地内にある広場ヴェールパーク。芝生に寝っ転がったり思い思いに楽しめる。

The William Vale
ザ・ウィリアム・ヴェール

全客室にバルコニーのあるホテル

　ウィリアムズバーグでひときわ目立つ22階建て高層ビル。2016年にオープンし、全室バルコニーつきで、ここで景色を見ながら朝食を食べたり、外の風にあたるのは本当に気持ちがいい。屋外プールの使用は宿泊者だけの特権だ。

　宿泊しなくても利用できるのは、ホテル敷地内の広場「Vale Park」。マンハッタンの景色を眺めながら芝生でひなたぼっこするのは楽しい。お腹が空いたら、有名シェフ、アンドリュー・カーメリーニがプロデュースする南イタリア料理店「Leuca」や、「Mister Dips」(冬季はクローズ)へ。また、宿泊客でなくても入れる、感度の高い人々が集まるルーフトップバー「Westlight」はぜひ訪れてほしい。息を呑むほどの美しい景色が待っている。

111 N. 12th St.
☎ (718) 631-8400
www.thewilliamvale.com
🛏 キング・ウィズ・バルコニー(キングサイズベッド、6.6㎡のバルコニーつき)$259～(朝食は含まない)／全183室
MAP P.11 / A-2
🚇 地下鉄L線Bedford Av駅から徒歩8分

プライベートバルコニーつき、マンハッタンの180度の景色も楽しめるスタジオ・テラス・スイート。

The Williamsburg Hotel
ザ・ウィリアムズバーグ・ホテル

ほとんどの部屋が
バルコニーつき

　2017年、ワイス・ホテル(P.162)の1ブロック南に誕生したホテル。部屋はクイーン、クイーンテラス、キングテラス、スタジオテラス、スカイラインスイートと5タイプあり、ほとんどの部屋は専用バルコニーつき。また部屋は南北どちらかに面した構造で、マンハッタンの景色を楽しむならクイーン・ルーム以外の客室を選ぼう（スカイラインスイートからはマンハッタンのパノラマが見られる！）。

　ホテル内には三つのバー＆レストランがあり、そのなかで女性一人でも入りやすいのは地下のフロントロビー横にある「Harvey(ハービー)」。夏場はとくにテラス席が気持ちいい。ペットフレンドリーとしても知られ、犬を連れた地元の人たちもよく集う。

1. 木の温もりを感じるチェックインカウンター。2. 地下にある、バー＆レストランのハービー。3. 8フロアに150室展開する、縦長の建物。Wythe Ave.沿いにある。

96 Wythe Ave.
☎ (718) 362-8100
www.thewilliamsburghotel.com
🛏 クイーン・ルーム（クイーンベッド）$285〜
（Harveyでのペーストリーの朝食含む）／全150室
MAP[P.11 / A-1]
🚇 地下鉄L線Bedford Av駅から徒歩7分

デラックス・ロフト・スイート。キッチンには調理器具や食器なども完備。

Franklin Guesthouse
フランクリン・ゲストハウス

「住んでいる」ように滞在する

「ブルックリンで暮らす気分を味わってみたい」そんな願いを叶えたいならここ。まるでブルックリンに住んでいるような気分で滞在できる、清潔でかわいらしい雰囲気のアパートメントタイプのホテル。グリーンポイントに2016年オープン。すべての部屋に、フラットスクリーンテレビ、冷蔵庫、コーヒーメーカーが完備し、簡易キッチンやパティオ（中庭）つきの部屋もある。また館内にはフィットネスセンターやサウナにランドリー設備もあるので、長期の滞在にも便利。
地下鉄Gトレインのグリーンポイント Ave.駅からも、マンハッタンとブルックリンをつなぐフェリー乗り場からも徒歩8分ほどの距離で至便。2017年夏には館内にレストラン＆バー「Glory」もオープンした。

１デラックス・ロフト・スイートのキングベッド。ソファベッドが追加で4人まで宿泊可。２スタジオ・ロフトのバスルーム。広々としたバスタブがあるのもうれしい。３グリーンポイントで一番アツいFranklin St.沿いにある。

214 Franklin St.
☎ (718) 383-3900
www.franklinguesthouse.com
●スタジオ・ロフト（2名まで宿泊可。クイーンベッド、コーヒーメーカーやミニ冷蔵庫あり）$349〜、（3泊以上で$299〜）、朝食は含まない／全30室
MAP【 P.13 / A-1 】
🚢フェリーGreenpoint 乗り場から徒歩8分
🚇地下鉄G線Greenpoint Ave.駅から徒歩8分

ブルックリンの未来
The Future of Brooklyn

ここ20年で、この街はめまぐるしく変化した。なかでもジェントリフィケーション（再開発によりエリアが高級化すること）という言葉は、この街の特徴を語る上で切っても切り離せない。

1990年代にブルックリンを観光で訪れる人は皆無で、まさか将来こんなトレンド発信地になるとは誰が想像しただろうか。2000年ごろを境に、ウィリアムズバーグやSmith St.一角におしゃれな店がいくつかできはじめた。日本の雑誌のニューヨーク特集にブルックリンが紹介されるようになったのもそのころから。2005〜2010年あたりから治安の悪さで有名だったブッシュウィックにクリエイターらが移動するようになった。

ブルックリンの変化はニューヨークのほかの4区とは比較にならないほどだ。「Brooklyn is the future, and future is now.（ブルックリンは未来だ。そして未来は今ここにある）」と、ある議員が言ったように、どこも建設ラッシュで今日も変化を続けている。ただジェントリフィケーションの問題は、大手企業のキラキラした店が進出すれば、同時に昔から地元で愛されてきた小商いが閉店に追い込まれるということだ。

ブルックリンの未来計画として、今もっとも注目されているのは、ブルックリンとクイーンズ間約26kmを繋ぐストリートカー（路面電車）、Brooklyn Queens Connector（BQX）*で、2024年の完成を目指している。実現されればブルックリンのウォーターフロント近くを走ることになる。これにより、サンセットパーク、レッドフック、ネイビーヤードなどももっと開けていくだろう。

今から10年後、ブルックリンはどんな街に生まれ変わっているのだろう。これまでのように思いもしなかった、さらに驚くような未来が待っているのかもしれない。願わくば、高層ビルの建設と大手資本の進出はほどほどに、そしてこの街の魅力であるおおらかさと人懐っこさ、昔からある名店だけは残り続けてほしい。

*www.bqx.nyc

ブルックリンの人気エリアではビルの建設が盛んだ。写真はプロスペクトハイツ。

ブルックリン 旅のヒント

日本からニューヨークへ

羽田・成田国際空港からニューヨークへは、全日空、日本航空、アメリカン航空、ユナイテッド航空の4社が直行便を運航している（関西空港からの直行便は2018年2月現在なし）。フライト時間は成田からの直行便で約13時間弱（往路は約14時間強）、デルタ航空やエア・カナダなどの経由便ではダラス、デトロイト、カナダのトロントなどで乗り換え、15時間以上のフライトとなる。ニューヨーク市内および近郊には、JFK（ジョン・F・ケネディ）、LGA（ラガーディア）、EWR（ニューアーク・リバティ）と三つの主要空港があるが、ブルックリンに一番近くてアクセスがよいのはJFK国際空港だ。

ESTAの申請について

日本人が短期商用・観光目的（90日以内）でアメリカを旅行する場合ビザは不要だが、渡航前にビザ免除プログラム「ESTA（エスタ）」の取得が義務づけられている。

申請は、ESTAの公式ウェブサイト（https://esta.cbp.dhs.gov/esta）から。申請料は$14で、一般的な審査時間は72時間以内。一度取得すれば、パスポートが失効しない限り2年間有効となる。

空港からブルックリンへ

JFK国際空港からブルックリン方面へのアクセスは、目的地（滞在先）の地区によっても異なるが、一番早くて便利なのはタクシーのイエローキャブ、もしくは近年アメリカでよく利用されている配車アプリを使ったカーサービスだ（P.168参照）。

イエローキャブの料金はメーター制なので乗車したらメーターが作動しているか必ず確認すること。時間帯や混み具合によって異なるが、ダウンタウンブルックリンまでは、約40分、$60〜65前後（チップ別）。配車アプリを使うカーサービスは$60前後、乗り合い制のカープールだとその半額ほどになることが多い（チップ別）。

荷物が少なかったり少しでも節約したい場合は、空港からエアトレイン（$5）で地下鉄駅まで行き、地下鉄やバスに乗り換える（1回$2.75。ただしメトロカードを購入する際最初に$1かかる）。エアトレインとJamaica駅-Atlantic Terminal駅間をロングアイランド鉄道で移動する方法（時間帯によって異なるが$15前後）もある。

公共交通

ニューヨーク州内の公共交通機関はMTA（Metropolitan Transportation Authority）社が一括管理しており、地下鉄やバスがブルックリンを含む市内を縦横無尽に走っている（前述のロングアイランド鉄道もMTAの管轄）。地下鉄もバスも24時間運行しており、共通のメトロカード（Metro Card）で乗車できる。共に時刻表はあるが、ほとんど時間通りには来ない。事故や信号の故障などがない限り、また深夜でない限り、本数は多い（地下鉄もバスも深夜はかなり少なくなる。とくにバスは深夜は運行していないルートもある）。

■ 地下鉄

1回の乗車料金$2.75は、どこまで乗っても同一料金。メトロカードは2時間有効で乗り換えのできない1回乗車券（Single Ride、$3）かチャージ可能なメトロカード（Regular）のどちらかを選ぶ。滞在期間が1週間以上や、かなりの頻度で乗車する予定なら、乗り放題パス（Unlimited7日間$32、もしくは30日間$121）がお得。いずれも購入は地下鉄駅の券売機で、現金かクレジットカードで支払う（1回乗車券は現金払いのみ）。クレジットカード払いの場合、認証のためにzip code（滞在ホテルなどの郵便番号）を入力する。

乗車時は改札でメトロカードをスライドさせて、バー（棒）を押して入る。出る際はカードのスライドは不要。行き先によって駅の改札口が違ったり、一度入ってしまうと反対側に行けないホームがあるので、駅に入る前に必ず確認を。ラッシュアワーは午前8〜10時ごろと午後5〜7時ごろ。スマホのアプリ「New York Subway MTA Map」（日本語対応）は路線図はもちろん乗り換え検索や地図の位置も分かるので便利。

■ バス

Express（急行）以外の普通の路線バスの料金は地下鉄と同じ1回$2.75。バスの行先表示の「B（番号）」はブルックリン内を走る路線バスの意味（Xはエクスプレス、Mはマンハッタンなど）。バスの前方から乗車する際に現金（釣り銭なしの小銭のみ）かメトロカードで支払う（バスの停留所や車内ではメトロカードの販売はないので乗車前に地下鉄駅などで購入を）。降車を知らせるサインは、車内ブザーを鳴らすか窓に取りつけられた細いロープを引っ張る。車内アナウンスは聞き取りにくいので、地図で目的地をよく確認すること。

メトロカード利用時、地下鉄とバスの乗り継ぎと違う路線のバス同士の乗り継ぎは、2時間以内なら1回までは追加料金はかからない。現金払いの場合は、2時間以内のバス同士の乗り継ぎのみ有効。必ず最初のバスで「Transfer ticket, please」と告げて乗り継ぎ用の切符をもらうこと。スマホアプリ「NYC Bus Checker」は何分後にバスが来るのかもわかるので便利。

■ フェリー

料金は地下鉄やバスと同じ$2.75（30日間の乗り放題パス$121もある）。マンハッタンからグリーンポイントやレッドフック周辺に行く場合や、ブルックリン内のウォーターフロント地区間を移動する際、たっぷり時間がある場合におすすめ（ダンボからマンハッタンのWall St.までの乗船時間は4分）。早朝や夜間は運航していないルートもあるので、時刻表やルートはウェブサイトで確認を。 www.ferry.nyc

■ タクシー

ニューヨーク名物として有名なイエローキャブだが、ブルックリンで走っているのはアップルグリーン色のボロータクシー（Boro Taxi）。日本のように距離が短いという理由で嫌な顔はされない。マンハッタンの北部を含むブルックリンなどの郊外でのピックアップ専用なのでマンハッタンの中心地では拾えない。車体上部にある数字やアルファベットが点灯していたら空車のサイン。ドアは自動開閉ではないので、降車時はとくに閉めることを忘れずに！

ボロータクシーの初乗り料金は$2.50。万が一法外な料金を請求されたら、到着時に「現金が足りない」と言って待たせ、ホテルのスタッフなどに助けを求めよう（現地の人が仲介すると、正規料金にすんなり戻るケースをよく聞く）。乗車地点と目的地を入力すると料金や目安時間がわかるウェブサイトもある。
www.borotaxisnyc.com/rates--flight-status.html

■ 自転車レンタル

シテイバイク（Citi Bike）による自転車シェアシステム。バイクドックスのあるステーション（駐輪場）で自転車をレンタルし、返却は借りたステーションと別のステーションでもOK。1日パス$12、3日パス$24で、30分以内なら何度レンタルしても追加料金はかからないが、1回のレンタル時間が30分を超えると15分毎に$2.50かかる。ステーションの場所や使用可能な台数などはウェブサイトやアプリで確認できる。 www.citibikenyc.com

■ 配車アプリを利用したカーサービス

流しのタクシーがマンハッタンに比べて少ないブルックリンでは、スマホの配車アプリを利用したウーバー（Uber）やリフト（Lyft）などのカーサービスが便利。クレジットカード情報を事前に入力しカード決済できるほか、乗車前に料金がわかり、遠回りなどされて法外な料金を請求される心配もなく、目的地を口頭で伝える必要がないなど（英語でのコミュニケーションに自信がない場合はとくに）さまざまなメリットがある。タクシー同様に、降車時は自分で車のドアを閉めることを忘れずに。

気候

ニューヨークは日本と同様に四季がある。ベストシーズンは春と秋（5、9、10月あたり）、夏は湿度が高めで、気温は30℃を超える真夏日が続く。ビル内や電車内はエアコンが非常に効いているので、軽く羽織るものを持ち歩こう。冬は氷点下になる日もあるが、室内はセントラルヒーティングのおかげで暖かい。降雪日は多くないが暴風雪になることもある。夏と冬も日差し対策や防寒対策をすれば、問題なく観光を楽しめる。

治安

NYPD（ニューヨーク市警察）や在ニューヨーク日本国総領事館の発表では、ブルックリンを含むニューヨーク市は、近年治安がよくなったとされている。本書では、比較的に治安がよいとされているエリアをピックアップして紹介している。しかし殺人も含む凶悪犯罪は、市内で毎日のように発生しているのも事実。過度に恐れる必要もないが、とくに夜間やひと気のない場所では注意が必要。身体が当たってメガネやワインボトルが割れたなどと言いがかりをつけるメガネ詐欺やワインボトル詐欺、名前を聞いてCDに名前とサインを書いて売りつけるCD詐欺、**クレジットカード詐欺**（近年スキミング被害が急増中）が報告されている。また、クラブや道端で知らない人に誘われても、急に親しくなることはおすすめしない。ドリンクに睡眠薬を入れられたり、男性なら美人局などの被害も。日本人は笑顔で対応しがちだが誤解されやすいので、拒否する場合は「No, Thank you」とはっきり言うこと。海外だからと気が大きくなったり、アメリカではこうなんだと間違った思い込みをせず、泥酔や大胆な行動を慎んで。

ニューヨークでの緊急通報用電話：911
*LinkNYC（「Wi-Fi環境」参照）でもコール可
在ニューヨーク日本国総領事館
※緊急事態やパスポートの紛失の際はこちら
www.ny.us.emb-japan.go.jp　MAP [P.5]

お金や消費税

紙幣は$1、$5、$10、$20、$50、$100が主流だが、MTAの券売機や店によっては$100札が使えないことも。アメリカでは消費税率が州や市によって定められており、ニューヨーク市の消費税は8.875%（美容室やネイルサロンなど例外あり）。1アイテムにつき$110以下の洋服や靴は、消費税が免除される。

クレジットカード社会のアメリカでは、安全面から考えても、現金は大量に持ち歩かない方がいい（$10以下はクレジットカードを受け付けない店もあるが、大手の店は数ドルでも使えることが多い）。JCBカードを使えない店がたまにあるので注意。

チップ

レストランやタクシー、ホテルなどでは、サービスに満足した場合にチップを払う習慣がある。相場は、レストランやタクシーは15〜20%、ホテルの清掃やドアマンは$1〜、ドリンク手渡しのバーカウンターは1杯につき$1〜。ただし近年、サービス料をあらかじめ料金に含んでいるノーチップ制の飲食店が少しずつ増えている。ファストフードやカウンターサービスの飲食店ではチップ不要。

レストランなどでのチップの計算方法は、ダブルタックス法（レシートに書かれている税金の倍をチップとして加える）が簡単でスマート。

レストランで知っておきたいこと

◎基本的に人気店は予約が必要。予約しても全員がそろわないと入店できない店が多い。
◎一般的にアメリカの1皿の量は日本より多い（ブルックリンのおしゃれな店は近年少なめ）。残りものを持ち帰ることはアメリカでは普通なので、食べきれないものは遠慮なく持ち帰ろう（「Can you wrap this up for me?」などとお願いする）
◎酒類を提供するのに必要なリカーライセンスがない店は、BYOB（Bring your own booze、もしくはBYO）制＝酒屋で購入したボトルなどを店に持ち込んで飲めるシステムになっていることがある。
◎ピザやハンバーガーをナイフとフォークを使って食べるのは間違いではないがアメリカではやや気取って見える。フィンガーフードと呼ばれるアメリカのファストフード類はぜひ手で豪快に食べてみて。
◎高級レストランなどでは、テーブルについたらまず水の種類を聞かれるので、有料のボトル水や炭酸水、無料の水道水から選ぶ（ちなみにニューヨークの水道水は質のよさで定評がある）。
◎高級レストランでサーバーを呼ぶ際には、手を挙げながら「Excuse me」と言うのではなく、担当のサーバーに「目で合図を送る」のがスマートなニューヨーク流。

Wi-Fi環境

基本的にネット環境は良好。ほとんどのカフェや宿泊施設、図書館、公園、地下鉄の駅などで、一部を除き無料でWi-Fiにつながる（パスワードが必

要な場合は店の人に尋ねよう）。また2016年より、無料の高速Wi-FiスタンドLinkNYCがブルックリンを含む市内中に設置されている。緊急電話911のコール、USBポートを使ったモバイルの充電、備え付けのタブレットを使ったアメリカ国内の無料通話などが可能。設置場所はこちらで確認を。www.link.nyc/find-a-link.html

アメリカの国民の祝日

1月1日	元日
1月の第3月曜日	マーティンルーサーキングJr.・デー
2月の第3月曜日	プレジデンツ・デー
5月の最終月曜日	メモリアル・デー
7月4日	独立記念日
9月の第1月曜日	レイバー・デー
10月の第2月曜日	コロンバス・デー
11月11日	退役軍人の日
11月の第4木曜日	サンクスギビング・デー
12月25日	クリスマス

電圧とプラグ

アメリカの電圧は120V、周波数は60Hz。プラグの形は日本と同じAタイプ。

Brooklyn Event

ブルックリンでは年間通して大小さまざまなイベントが開催されており、訪れた時期によって楽しみ方もさまざま。ここでは毎年恒例の人気イベントをピックアップしてご紹介。

●開催時期／開催場所／ウェブサイト

Sakura Matsuri
桜祭り

日本の文化を紹介するイベント。八重桜が咲き乱れる中、浴衣姿やコスプレをした人々も多く集まり、太鼓や舞踊などのショーを観たりピクニックをしたりして、春の到来を楽しむ。

●4月下旬の週末（2日間）／ブルックリン植物園（P.100）／www.bbg.org

The Mermaid Parade
マーメイド・パレード

コニーアイランドのストリートからボードウォークまでを、セクシーかつカラフルに仮装した3,000人以上のマーメイドたちが練り歩くパレード。

●毎年6月中旬の土曜／コニーアイランド（P.116）／
www.coneyisland.com/programs/mermaid-parade

Northside Block Party
ノースサイド・ブロックパーティー

Bedford Ave.のブロックパーティー。Metropolitan Ave.からN.12th St.の間が歩行者天国となり、ライブやアートパフォーマンが行われる。食の出店も多い。

●6月上旬～中旬ごろ／ウィリアムズバーグのBedford Ave（P.18）／www.northsidefestival.com/northside-2017/block-party

春

Taste Talks Brooklyn
テイスト・トークス・ブルックリン

フードトレンドを紹介する食の祭典。エクスポや授賞式、人気レストラン10店以上がブースを出すテイスティング・イベント「オールスター・クックアウト」が大人気。

●9月上旬（3日間）／ブルックリン各所／www.northsidemedia.com/#northside-brands

Harvest Festival
ハーベスト・フェスティバル

秋の収穫を祝うフェス。音楽ライブ、アートやクラフトイベントなどがあり、大人も子どもも楽しめる。

●10月中旬の日曜／ブルックリン・ブリッジ・パーク（P.114）／www.brooklynbridgepark.org/events/harvest-festival

秋

英語のなまり（ブルックリニーズ）

他民族が共存するこの街で育った人々（とくに年配者）の英語は、ブルックリニーズ（Brooklynese）と呼ばれ、アクセント（なまり）が強く、慣れないと聞き取りにくい。またイタリア系、ユダヤ系、プエルトリコ系、アフリカ系など、それぞれのルーツによって異なる。ここではステレオタイプなブルックリニーズの特徴を一部ご紹介。

- 声が高く、鼻にかかったような音で、一般的なニューヨーカーよりリラックスした話し方をする
- 抑揚が大きい
- carなどのR音を強く発音しない
- STは「シュ」と発音する（strechはシュトレッチ）
- askをアクス、theをダと発音
- coffee shopをカーフィ（またはクォーフィ）シャアプッと発音

ブルックリン人（ブルックリナイツ）の気質

ブルックリンで生まれ育った人々やこの地に根をはる人々は、愛着をこめてブルックリナイツ（Brooklynites）と呼ばれる。ブルックリナイツの気質は、下町育ちらしく、フレンドリーで気取らず、人情深く、多様性を受け入れる。そしてこの街とここで育ったことを心から誇りに思っている。目が合ったらニッコリは当たり前。地元の人々と積極的に触れ合って楽しい旅を！

Calendar

BRIC Celebrate Brooklyn
ブリック・セレブレート・ブルックリン

無料の野外パフォーマンス・イベント。ライブや映画などが上演され、毎年ビッグネームが出演（2017年はレイク・ストリート・ダイヴなど）。

- 毎年6〜8月の約2か月／プロスペクトパークのバンドシェル広場（Bandshell）
www.bricartsmedia.org/events-performances/bric-celebrate-brooklyn-festival

The Hot Dog Eating Contest
ホットドッグ早食いコンテスト

ホットドッグの男女別早食いコンテスト（2017年女子の部はラスベガス在住の須藤美貴さんが4連覇達成！）。毎年混雑必至なので早めに到着しよう。

West Indian Day Parade
ウェスト・インディアン・デー・パレード

カリブ海にルーツを持つ人々が豪華でカラフル＆セクシーな衣装を着て練り歩くカーニバル。別名「カリビアン・カーニバル・パレード」ブルックリン美術館がスタート地点で、Eastern Pkwy.を練り歩く。

- 9月の第1月曜（レイバー・デー）／クラウンハイツ地区のEastern Pkwy.／www.wiadcarnival.org

- 7月4日（独立記念日）／コニーアイランドのネイサンズ本店前（P.116）／www.nathansfamous.com/promos-and-fanfare/hot-dog-eating-contest

夏

The Dyker Heights Christmas Lights
ダイカーハイツ地区のクリスマス電飾住宅街

自宅の外壁をライトアップしている電飾住宅街はまるで夜の遊園地。11th Ave.〜13th Ave.と83rd St.〜86th St.あたり（少しずつ拡大中）に多い。地下鉄D線18th Ave.駅から徒歩約20分。夜はタクシーなどでの移動がおすすめ。

- 11月末の週末〜1月上旬（12月中旬〜新年がピーク）／ダイカーハイツ地区

冬

New Year's Eve Fireworks
大晦日の花火

22時30分ごろからライブ演奏がはじまり、カウントダウンのお祭りムード一色になる。新年が明けるとともに花火が約10分上がり、新年を祝う。Grand Army Plaza側が見やすい。

- 12月31日／プロスペクト・パーク（P.100）／www.prospectpark.org

171

INDEX

見る・楽しむ

アミカ・スタイル・ブロウ / 美容室	Williamsburg	29
インダストリー・シティ / 複合ビル	Sunset Park	78
コニーアイランド（ルナ・パーク、ディノス・ワンダー・ウィール・アミューズメント・パーク）/ ビーチ、遊園地	Coney Island	116
ゴワヌス・スタジオ・スペース / アトリエ、ギャラリー	Gowanus	126
ザ・アーチウェイ / イベントスペース	DUMBO	48
バム / 劇場	Fort Greene	86
ブルックリン・ヒストリカル・ソサエティ / 博物館	Brooklyn Heights	84
ブルックリン・ブリッジ / 橋	DUMBO	46
ブルックリン・ボウル / ボウリング場、ライブステージ、レストラン、バー	Williamsburg	40
ブルックリン・ミュージアム / 美術館	Prospect Park	109
ユニオン・ホール / バー、エンターテインメント（スポーツ）	Park Slope	105
リデュー / 家具屋、制作スタジオ	Red Hook	124
ロイヤル・パームズ・シャッフルボード・クラブ / バー、エンターテインメント（スポーツ）	Gowanus	72

買う

アーティスツ・アンド・フリーズ / マーケット	Williamsburg	130
アップステート・ストック / ファッション、雑貨、カフェ	Greenpoint	59
アマコード・ヴィンテージ / 古着屋	Williamsburg	144
アントワネット・ブルックリン / 古着屋	Williamsburg	145
エリカ・ウィーナー / ジュエリー店	Boerum Hill	88
キース / スニーカーショップ、シリアルバー	Prospect Heights	106
グロウNYC・グリーンマーケット / 屋外ファーマーズマーケット	ブルックリン各地	135
コート・ストリート・グロッサーズ / グロッサリー	Caroll Gardens	92
コリエ・ウエスト / 雑貨店（ヴィンテージ含む）	Boerum Hill	89
コンクリート・アンド・ウォーター / ファッション、雑貨	Williamsburg	24
ザ・ナチュラル・ワイン・カンパニー / ワインショップ	Williamsburg	28
ザ・パワーハウス・アリーナ / 本屋	DUMBO	49
スプーンビル・シュガータウン・ブックセラーズ / 本屋	Williamsburg	26
パー・マル / ファッション	Greenpoint	58
バード / ファッション、雑貨	Williamsburg	22
バグゥ / バッグ専門店	Williamsburg	23
バッファロー・イクスチェンジ / 古着屋	Williamsburg	144
パペル・ニューヨーク / カード＆雑貨店	Cobble Hill	87
ビーコンズ・クローゼット / 古着屋	Greenpoint	143
ファド・マーケット / マーケット	ブルックリン各地	131
フォクシー・アンド・ウィンストン / 雑貨店	Red Hook	76
ブルックリン・フリー / フリーマーケット	ブルックリン各地	129
ブルックリン・ラーダー / グロッサリー	Park Slope	103
マスト・ブラザーズ / チョコレート専門店	Williamsburg	27

食べる・飲む

アーリー / カフェサンドイッチ	Greenpoint	63
アザー・ハーフ・ブルーイング / ブルワリー	Caroll Gardens	152
アスカ / レストラン（スウェーデン料理）	Williamsburg	39
インダストリー・シティ・ディスティラリー / ウォッカ蒸溜所	Red Hook	155
インダストリー・シティ・フードホール / フードホール	Sunset Park	138
ヴァン・ブラント・スティルハウス / ウイスキー蒸溜所	Red Hook	154
エーピー・カフェ / カフェ	Bushwick	65
エミリー / レストラン（ピザ）	Clinton Hill	96
オルムステッド / レストラン	Prospect Heights	108
カフェ・モガドー / カフェ、レストラン（中東料理）	Williamsburg	38
キンフォーク / カフェ、バー、ショップ、イベントスペース	Williamsburg	29
グリーンフック・ジンスミス / ジン蒸溜所	Greenpoint	156

172

グリーンポイント・フィッシュ&ロブスター・コゥ / レストラン（魚介料理）	Green Point	61
ゴッサム・マーケット・アト・ザ・アッシュランド / フードホール	Fort Greene	139
ゴリラ・コーヒー / カフェ	Park Slope	102
ザ・ファーム・オン・アダレー / レストラン（ニューアメリカン）	Flatbush - Ditmas Park	111
ザ・フォー・ホースメン / ワインバー、レストラン（ニューアメリカン）	Williamsburg	36
ザ・レッドフック・ワイナリー / ワイナリー	Red Hook	153
サンデー・イン・ブルックリン / レストラン（ニューアメリカン）	Williamsburg	38
シカモア・バー・アンド・フラワーショップ / バー、花屋	Flatbush - Ditmas Park	112
シックスティワン・ローカル / カフェ、バー	Boerum Hill	90
ジュリアナズ / レストラン（ピザ）	DUMBO	53
シンディケイティッド・バー・シアター・キッチン / レストラン、バー、映画館	Bushwick	67
ストーンフルートゥ・エスプレッソ・キッチン / カフェ、花屋	Bedford-Stuyvesant	94
ストロング・ロープ・ブルワリー / ブルワリー	Gowanus	150
スモーガスバーグ / 屋外フードマーケット	ブルックリン各地	132
ダン・ウェル・ドーナツ / ドーナツ屋	Bushwick	146
チック・ピー / ファラフェルショップ	Prospect Heights	104
チャヴェラズ / レストラン（メキシカン）	Crown Heights	110
ディヴォシオン / カフェ	Williamsburg	32
ディカルブ・マーケット・ホール / フードホール	Downtown Brooklyn	137
ドウ・ドーナツ / ドーナツ屋	Bedford-Stuyvesant	146
トゥルースト / バー	Greenpoint	64
ドーナット・プラント / ドーナツ屋	Park Slope	146
トビーズ・エステート・コーヒー / カフェ	Williamsburg	33
ノーザン・テリトリー / バー	Greenpoint	63
ノーマン / レストラン、バー、カフェ、雑貨	Greenpoint	62
バー・ヴェロ / バー	Williamsburg	35
バーグン / フードホール、ビアホール	Crown Heights	136
バーゲン・ベーグルズ / ベーグルショップ	Prospect Heights	107
パッツ・イッ・トラディションズ / レストラン（ガレット）	Williamsburg	37
ピーターパン・ドーナツ&ペイストリーショップ / ドーナツ屋	Greenpoint	146
ピッグ・ビーチ / レストラン（バーベキュー）	Gowanus	71
フォー・トゥエンティー・ブラックバーズ / カフェ（パイ）	Gowanus	70
フリーホールド / カフェ、レストラン、バー、多目的スペース	Williamsburg	34
ブルー・スカイ・ベーカリー / カフェ（マフィン）	Park Slope	104
ブルックリン・クラ / 酒蔵	Red Hook	157
ブルックリン・ファーマシー&ソーダ・ファウンテン / カフェ	Caroll Gardens	91
ブルックリン・ロースティング・カンパニー / カフェ	DUMBO	50
ブルックリン・ワイナリー / ワイナリー	Williamsburg	152
ボウトロス / レストラン（ニューアメリカン）	Brooklyn Heights	85
ホームタウン・バーベキュー / レストラン（バーベキュー）	Red Hook	77
ポルカ・ドット / カフェ、惣菜屋	Greenpoint	60
モーズ・ドウズ・ドーナツショップ / ドーナツ屋	Greenpoint	146
ルカリ / レストラン（ピザ）	Caroll Gardens	93
ロット・フォーティファイブ・ブッシュウィック / レストラン、バー	Bushwick	66
ロベルタズ / レストラン（ピザ）	Bushwick	68
ワン・ガール・クッキーズ / カフェ	DUMBO	52

泊まる

ザ・ウィリアム・ヴェール / ホテル	Greenpoint	163
ザ・ウィリアムズバーグ・ホテル / ホテル	Williamsburg	164
フランクリン・ゲストハウス / ホテル	Greenpoint	165
ワイス・ホテル / ホテル	Williamsburg	162
ワン・ホテル・ブルックリン・ブリッジ / ホテル	DUMBO	160

おわりに

　ニューヨークに住んで16年、ブルックリンに住んで9年、また活字の仕事に就いてかれこれ20年以上になる。そんな私だから、「大好きなニューヨークの街に関する内容で、いつか本を出版できたらいいな」という気持ちが、心の奥底にいつのころからかあった。しかし日々の業務に忙殺され、それを言い訳に具現化に向けて行動を起こすわけでもなく、このまま果たされない夢で終わってしまうような気もしていた。

　そんななか、2017年明けて春の訪れを今かいまかと待ちわびていたころ、イカロス出版から突然ご連絡をいただいた。本出版に向けたプロジェクトがスタートしたのだ。

　しかしいざ取材を開始すると、アポがなかなか取れなかったり、私自身が別の業務で忙しくなったりして、制作活動は難航した。一人で取材・執筆・撮影を担うのは想像以上に骨が折れるものだった。本づくりを通して素敵な人々との出会いもあったが、物づくりにつきものの困難にもぶち当たり、まるで長い出口の見えないトンネルのなかをマラソンしているようだった。2017年は、私にとって今後も忘れられない年になるだろう。

　そうしてようやく光が見えてきた。本書の出版にあたり、私に声をかけてくださった編集の坂田藍子さんにまずお礼を申し上げたい。大変有能で頼り甲斐があり、辛抱強く誘導してくださった。また、素敵なデザインをしてくださった3シキグラフィックスの塩田裕之さん、この街で育った者しかわかりえないような有益な情報を教えてくれたブルックリン子の友人ヴァネッサ・フィゲロア（Vanessa Figueroa）、本の一部になることをよろこんでくれ、忙しいなか取材に対応してくれたブルックリン愛にあふれる人々へ。本当にありがとうございました。

　この本をきっかけに、ブルックリンに一人でも多くの人が訪れ楽しい旅の思い出をつくってもらえたら本望である。

　　　　2018年2月　ブルックリンの片隅にて
　　　　　　　　　　　　　　　安部かすみ

著者プロフィール
安部かすみ　Kasumi Abe

ニューヨーク・ブルックリン在住の編集者、ライター、翻訳家。日本の出版社で音楽編集、2冊のムックの編集長を経て、2002年ニューヨークへ。2007年より新聞社のシニアエディター職に就き、2014年に退職し独立。現在はニュースサイトや雑誌で、ライフスタイル、トレンド、グルメ情報を中心に連載記事を執筆中。翻訳家としても活動。在外ジャーナリスト協会「Global Press」会員。

Twitter: @kasumilny
Portfolio: www.kasumilny.wordpress.com
Blog:「ニューヨーク直行便」http://kasumilny.exblog.jp/

NYのクリエイティブ地区
ブルックリンへ

文・写真	安部かすみ © Kasumi Abe
デザイン	塩田裕之（3シキグラフィックス）
マップ	ZOUKOUBOU

2018年2月27日　初版発行

著　者	安部かすみ
発行者	塩谷茂代
発行所	イカロス出版株式会社

〒162-8616 東京都新宿区市谷本村町2-3
電話　03-3267-2766（販売）
　　　03-3267-2831（編集）

印刷・製本所　　図書印刷株式会社

乱丁、落丁本はお取り替えいたします。定価はカバーに表示しております。
本書の無断複写（コピー）は著作権上の例外を除き著作権侵害になります。

Printed in Japan

※海外への旅行・生活は自己責任で行うべきものであり、
本書に掲載された情報を利用した結果、
何らかのトラブルが生じたとしても、著者および出版社は
一切の責任を負いません。

旅のヒントBOOK

新たな旅のきっかけがきっと見つかるトラベルエッセーシリーズ　各A5判

◎お問い合わせ：イカロス出版販売部
TEL：03-3267-2766　http://www.ikaros.jp/

緑あふれる自由都市 ポートランドへ
百木俊乃 著
定価1,728円（税込）

美しいフィレンツェと トスカーナの小さな街へ
奥村千穂 著
定価1,728円（税込）

北タイごはんと古都あるき チェンマイへ
岡本麻里 著
定価1,620円（税込）

アンコール・ワットと癒しの旅 カンボジアへ
矢羽野晶子 著
定価1,728円（税込）

ヨーロッパ最大の自由都市 ベルリンへ
松永明子 著
定価1,728円（税込）

レトロな旅時間 ポルトガルへ 最新版
矢野有貴見 著
定価1,728円（税込）

南フランスの休日 プロヴァンスへ
町田陽子 著
定価1,836円（税込）

絶景とファンタジーの島 アイルランドへ
山下直子 著
定価1,728円（税込）

おとぎの国をめぐる旅 バルト三国へ
渋谷智子 著　定価1,728円（税込）

大自然とカラフルな街 アイスランドへ
犬丸智子 著　定価1,728円（税込）

心おどるバルセロナへ とっておきのお店ガイド
上村香子 著　定価1,728円（税込）

太陽と海とグルメの島 シチリアへ
小湊照子 著　定価1,728円（税込）

中世の街と小さな村めぐり ポーランドへ
藤田 泉 著　定価1,728円（税込）

夢見る美しき古都 ハンガリー・ブダペストへ
鈴木文恵 著　定価1,728円（税込）

レトロな街で食べ歩き! 古都台南へ
岩田優子 著　定価1,620円（税込）

マーケットをめぐるおいしい旅 ベルギーへ
佐々木素子 著　定価1,728円（税込）

トレッキングとポップな街歩き ネパールへ
矢巻美穂 著　定価1,728円（税込）

甘くて、苦くて、深い 素顔のローマへ
水谷渚子 著　定価1,728円（税込）

地中海のとっておきの島 マルタへ 最新版
乾 明子 著　定価1,728円（税込）

新しいチェコ・古いチェコ 愛しのプラハへ
横山佳美 著　定価1,728円（税込）

彩りの街をめぐる旅 モロッコへ
宮本薫 著　定価1,836円（税込）

かわいいに出会える旅 オランダへ
福島有紀 著　定価1,728円（税込）

アルテサニアがかわいい メキシコ・オアハカへ
櫻井陽子 著　定価1,728円（税込）

ギリシャごはんに誘われて アテネへ
アナグノストゥ直子 著　定価1,728円（税込）

エキゾチックが素敵 トルコ・イスタンブールへ
クラリチェ洋子 著　定価1,728円（税込）

イギリスのお菓子に会いに ロンドンへ
小松喜美 著　定価1,728円（税込）

モロッコのバラ色の街 マラケシュへ
宮本 薫 著　定価1,944円（税込）

ぬくもり雑貨いっぱいの ロシアへ
花井景子 著　定価1,944円（税込）

2018年2月